Shortcuts to

Irish Essay Writing
for Leaving Certificate
Ordinary and Higher Level

Éamonn Maguire

Gill & Macmillan

Gill & Macmillan Ltd
Ascaill Hume
An Pháirc Thiar
Baile Átha Cliath 12

agus cuideachtaí comhlachta ar fud an domhain

www.gillmacmillan.ie

© Éamonn Maguire 2007

978 0 7171 4072 5

Clóchuradóireacht bhunaidh arna déanamh in Éirinn ag Carole Lynch

Rinneadh an páipéar atá sa leabhar seo as laíon adhmaid ó fhoraoisí rialaithe. In aghaidh gach crann a leagtar cuirtear crann amháin eile ar a laghad, agus ar an gcaoi sin déantar athnuachan ar acmhainní nádúrtha.

Gach ceart ar cosaint. Ní ceadmhach aon chuid den fhoilseachán seo a atáirgeadh, a chóipeáil ná a tharchur i gcruth ar bith ná ar dhóigh ar bith gan cead scríofa a fháil ó na foilsitheoirí ach amháin de réir coinníollacha ceadúnas ar bith a cheadaíonn cóipeáil theoranta arna eisiúint ag Gníomhaireacht Cheadúnaithe Cóipchirt na hÉireann.

CLÁR

RÉAMHRÁ

Déanann an leabhar beag seo iarracht cabhrú le daltaí aistí agus ceapadóireacht eile a scríobh. Is fiú 100 marc an sliocht ceapadóireacht ar Pháipéar I, Ardleibhéal, agus is fiú 120 marc na sleachta ceapadóireachta ar Pháipéar I, Gnáthleibhéal.

Tá súil agam go gcabhróidh sé le daltaí sult agus taitneamh a bhaint as aistí a scríobh. Baineann an leabhar seo úsáid as Gaeilge agus as Béarla. Ba mhaith liom mo bhuíochas ó cheartlár mo chroí a ghabháil leo siúd a chuidigh liom agus mé ag scríobh an leabhair seo go mór mór na múinteoirí agus daltaí éagsúla a raibh baint agam leo. Chomh maith leis sin gabhaim mo bhuíochas le Hubert Mahony (Gill & Macmillan) as an misneach a spreag sé ionam agus mé ag tabhairt faoin obair seo. Táim thar a bheith buíoch de m'iníon, Alison, a chuidigh liom an leabhar seo a chur in ord is in eagar.

Tiomnaím an leabar seo dóibh siúd thuas agus do mo chlann féin; Siobhán, Eddie Óg, Susan, Alison, Paul agus mo gharchlann, Conor Óg, Lúc agus Bláithín.

Éamonn Maguire

HOW TO USE THIS BOOK

CLEACHTADH CLEACHTADH CLEACHTADH

1 Study the guidelines first.
2 Take note of the worked examples for each composition.
3 Now practise writing compositions yourself.
4 Compare your efforts to the worked examples.
5 Remember 'practice makes perfect' so Practise, Practise, Practise.

Gaeilge agus Béarla:

This book uses both Irish and English.

However, be sure that you use only Irish in your compositions.

MARCANNA MARCANNA MARCANNA

1 You should consider how to best maximise your performance and your marks in this question.
2 Read the 'Seven Steps to Success' (p. vii) and try to base your writing on them.
3 Note the marking scheme and be mindful of the breakdown of the marks in composition writing.
4 Remember that 'nothing is taught 'til it is tested' so make sure that you write plenty of practice compositions.

SEVEN STEPS TO SUCCESS

Higher Level and Ordinary Level

Getting into the '**A ZONE**' is a common goal for most students. There are many others who would be quite satisfied with a **D3**. Whatever your ambition is, achieving **your own personal goal** is helped by your **attitude** and **approach to learning, interpretation and presentation**.

Step 1: The Question

You should read exam questions **carefully** and **ask yourself** what does the examiner **really want** you to **write about**. **What information** is the examiner **really looking for?**

Step 2: The Answer

Your answer, in this case **your essay**, should contain **only information** that is **really relevant**.

Step 3: Use of Information

Your **use of information** is critical to the **success** of your **composition**. There is a belief that if you '**write everything you know**' you are '**sure to get**' a higher grade. This is a fallacy. It's your **use of information** that will determine your grade. What you **leave out** of your essay can often be crucial in the quest for more marks, because examiners regard **irrelevant information** as '**padding**' and **reduce marks significantly** as a result.

Step 4: Presentation of Information

'**It's not what you say. It's the way that you say it**' is a truism that is as important in **writing compositions** as it is in everyday life. No family will erect a Christmas tree and leave it **without decoration**. Therefore, ensure that your '**Christmas tree**', in other words **your composition**, is **tastefully decorated** with **well-constructed, appropriate** and where possible **eye-catching Irish**.

Step 5: Your 'Treasure Chest' of Expressions

All students who **aspire** to the **'A ZONE'** should build up a **treasure chest** of **useful expressions** that they can use in **writing compositions** and indeed in answering all kinds of other questions. A number of such useful expressions or **nathanna cainte** can be found in this book on **pages 4–6, 21–23, 56–58 Learn them** and **use them** and watch your **grades soar.**

Step 6: Always Look on the Bright Side of Life

The **power of positive thinking** can **never** be **emphasised enough** and so it should be with you. Always look at a question and **focus** on **what you know.** You can **do nothing** about **what you don't know** in an exam so **concentrate** all of your **positive mental energy** on what you **do know** and base your **composition** on this.

Step 7: SO GET CRACKING

Everyone has their own **personal goals** and **expectations,** and consequently their own **personal 'A Zones'** that they wish to **aspire to.** So **get cracking** and set **'your own targets'** that **you wish to aspire to,** and see **your grades soar.**

PÁIPÉAR 1
GNÁTHLEIBHÉAL

Ceapadóireacht
Layout and Marking Scheme

A Giota Leanúnach (Aiste)

There will always be a choice from **three essays,** usually in **present** and **future** tenses.

B Scéal

There is always a choice from **two,** always in the **present tense.**

C Litir

Choice of **two** in **past, present and future tenses.**

D Comhrá

Choice of **two** usually in **present and future tenses.**

Am: Approx 40 mins each

Marcanna: 120 (2 x 60 marks)

Fad: Leathleathanach, nó mar sin, an ceann (approx 150-160 words)

Marking scheme: 48 marks for Irish, 12 marks for Content for each composition. The Irish aspect is, obviously, the most important and the examiners are looking for your 'cumas' or capability at Irish, grammar, sentence making, correctness. They're also looking for 'saibhreas' (richness) of Irish.

WHAT DO I NEED TO DO?

- Write **two compositions** of approx. **half a page** each.
- Be sure to stick to the subject.
- Make sure that you write in the correct tense.

HOW DO I DO IT?

- Pick compositions that you understand.
- Write your compositions in the correct tense.
- Make full use of your **nathanna cainte** that you have learned (see pages 4–6). Remember that 80% of the marks are for your 'cumas teanga' (correct use of Irish) and for your 'saibhreas teanga' (richness of language).

ESSENTIAL SKILLS

- Prepare for a few different topics and learn useful phrases for them.
- As a good **start** and **finish** are important you should practise these.

DO NOT DO THIS

- **Do not** write long complicated sentences. Keep it simple as long sentences are more likely to contain grammatical mistakes which could cost you valuable marks.
- **Do not** stray from the point or from the title of the composition.
- **Do not** forget to check your verbs and be certain that they are in the correct tenses for the composition you are writing.
- **Do not** forget to go back over both of your compositions, to check for spellings, fadas, punctuation (capital letters, commas), tenses etc.

Further guidelines for Ceapadóireacht

Some of the following guidelines may be very obvious and repetitious but we feel that 'what's worth saying is worth repeating' and that these guidelines are crucial to the successful writing of essays, letters, etc.

The Guidelines

- Note that you have **two compositions** to write from a choice of **nine**.
- As already stated, each one should be about a **half-page** (foolscap), i.e. **150-160 words**.

- Don't choose a **composition** until you are sure that you have enough vocabulary to cover your choice. It would be a shame to find after writing say 70-80 words that you had totally run out of ideas and vocabulary.

- As stated previously 'practice makes perfect' so you should practise, practise, practise. The following questions should help to stir your imagination: **Who, Where, What, When, Why and How.**

- Continually ask yourself . . . **Is this the right tense? Is this the correct spelling? Should I put a fada here? What about full stops, commas, etc?**

- You should build up your own **treasure chest** of useful phrases (**nathanna cainte**) that will show off your richness of Irish (see pages 4–6)

- Remember to leave enough time with each composition to read over and correct your work. You really would be amazed how many marks this saves.

Gnáthleibhéal agus Ardleibhéal
Nathanna Úsáideacha — 'Your Treasure Chest'

We include here a number of useful phrases (**nathanna úsáideacha**) that can be used for writing **Higher and Ordinary Level compositions** and indeed for answering questions on **Paper 2** or for answering questions in the **Oral Irish Exam**. Students should learn at least **5 nathanna cainte** every week. In this way a **treasure chest** of **words/phrases/expressions** will be built up. These **nathanna cainte** are designed to improve **vocabulary** and to add to your **saibhreas**.

What Next?

When you have learned the **nathanna cainte** or at least **most of them** you should start to **practise using them**. I have used this method in class and found that whereas students are very good at **learning** the **nathanna cainte** they often **forget to use them** when writing **compositions**. This is probably because they get so caught up and involved in the **content** of the composition, they often forget all about the **nathanna cainte**.

The Solution — Obair Gharbh

To solve this problem students should do **obair gharbh** (rough work) before starting to write their **compositions**.

The Advantages of Obair Gharbh

- When students see these words/phrases written up in front of them as **obair gharbh,** then they will **definitely use most of them.**
- Students get great ideas for the content of their compositions from seeing the nathanna cainte in their **obair gharbh.**
- The saibhreas (richness) of compositions are greatly improved.
- It greatly increases the confidence of students, many of whom were never able to write compositions before this.

Nathanna Úsáideacha

Strategy

- Learn at least 5 each week.
- Give yourself a weekly test and a monthly test.
- Use as many of them as you have learned in your class work and homework.
- Every time you have a composition to write be sure to write your nathanna cainte as **obair gharbh** before you begin to write the composition.

Gnáthleibhéal agus Ardleibhéal Na Nathanna

Seachtain 1

- Táim ag ceapadh – I think
- Creidim – I believe
- Déarfainn – I'd say
- Sílim – I think
- Measaim – I think

Seachtain 2

- Ar an gcéad dul síos – first of all
- Pé scéal é – in any case
- Ar aon nós – anyway
- Tríd is tríd – generally speaking
- Dála an scéil – by the way

Seachtain 3

- Go háirithe – especially
- Dáiríre – really
- Dar m'anam – upon my soul, I'd swear
- Go deo na ndeor – for ever and ever
- Creid é nó ná creid – believe it or not

Seachtain 4

- Bhuel – well
- Is fíor sin – that's the truth, that's true
- Níl bréag ar bith ansin – there's no lie in that
- Ní bréag ar bith a rá – it's no lie to say
- Is amhlaidh – it is how, the fact is

Seachtain 5

- Is aoibhinn liom – I really like
- Is breá liom – I like
- Tá mé craiceáilte faoi – I'm crazy (mad) about
- Is gráin liom – I detest
- Is fuath liom – I hate

Seachtain 6

- Tá a fhios ag an saol – sure everybody knows
- Ní bheadh a fhios agat – you'd never know
- Níl barúil dá laghad agam – I haven't a clue
- Níl a fhios agam ó thalamh an domhain – I have no idea whatsoever
- Is oth liom a rá – I'm sorry to say

Seachtain 7

- Mar a dúirt mé cheana – as I said before
- Cuir i gcás – for example
- Go bhfóire Dia orainn – God protect us
- Go sábhála Dia muid – God save us
- Buíochas le Dia – thanks be to God

Seachtain 8

- Faoi láthair – at present
- I láthair na huaire – at present
- Sa lá atá inniu ann – nowadays
- Na laethanta seo – nowadays
- Le déanaí – lately

Seachtain 9

- Sa todhchaí – in (the) future
- Amach anseo – in the future
- Ar ball, ar ball beag – in a while, in a little while
- Gan rómhoill – without much delay
- Ar nós na gaoithe – very quickly

Seachtain 10

- Is beag é mo mheas air – I don't think much of it
- Táim ar nós cuma liom faoi – I couldn't care less
- Is cuma sa diabhal liom – I couldn't care less, couldn't give a damn
- Níl ach fíorbheagan eolais agam faoi – I know very little about it
- Diaidh ar ndiaidh – bit by bit

Seachtain 11

- Go mór mór – especially
- Ag an am céanna – at the same time
- Chomh maith leis sin – as well as that
- I dtús báire – first of all
- Ar nós – such as, for example

Gnáthleibhéal agus Ardleibhéal
Giota Leanúnach Samplach

An Caitheamh Aimsire Is Fearr Liom

Obair Gharbh

Ar an gcéad dul síos – first of all

Go háirithe – especially

Ar nós – such as

Ní bréag ar bith a rá – it's no lie to say

Táim ag ceapadh – I think

Creid é nó ná creid – believe it or not

Le déanaí – lately

Tá mé craiceáilte faoi – I'm crazy about it

Níl barúil dá laghad agam – I haven't a clue

Sa todhchaí – in the future, amach anseo

Is cuma sa diabhal liom – I couldn't give a damn

Is breá liom – I like

Ag an am céanna – at the same time

Creidim – I believe

Déarfainn – I'd say

Is fuath liom – I hate

Is beag é mo mheas air – I don't think much of him

Go deo na ndeor – for ever and ever

Is aoibhinn liom – I really like

Dáiríre – really

Mar a dúirt mé cheana – as I said already

Ar an gcéad dul síos caithfidh mé a rá (I have to say) go dtaitníonn go leor leor (lots and lots) caitheamh aimsire liom, ar nós sacar, rugbaí agus galf. **Ag an am céanna táim ag ceapadh** go dtaitníonn peil ghaelach go mór liom. **Is aoibhinn liom** a bheith ag cleachtadh (practising) le mo chairde, **go háirithe** tar éis teacht abhaile ón scoil. **Déarfainn** nach bhfuil foireann níos fearr in Éirinn ná foireann Mhaigh Eo. **Tá mé craiceáilte** fúthu. **Creid é nó ná creid** ba **bhreá liom** imirt leo **sa todhchaí.**

Ní bréag ar bith a rá go raibh mí-ádh orm nuair a chaill mo fhoireann, Gael Bhaile Shiomóin, i gcluiche ceannais an chontae le déanaí. Ní dhéanfaidh mé dearmad ar an lá sin **go deo na ndeor. Níl barúil dá laghad agam** cad a tharla. Bhí an réiteoir go huafásach. **Is beag é mo mheas air** agus **i ndáiríre is fuath liom** réiteoirí.

Mar a dúirt mé cheana is breá liom peil ghaelach mar chaitheamh aimsire. **Creidim** gur caitheamh aimsire den chéad scoth (first class) é. **Is cuma sa diabhal liom** faoi chaitheamh aimsire ar bith eile.

And Now . . .

As we already said (pages 3–4), the advantages of using the **obair gharbh** are many and varied. If **you** adopt this method for writing **all your compositions** in future you will definitely be a **much more accomplished** student and a **much more confident one**. This **confidence** and **knowledge** will stand the test of time and indeed the test that any examination sets for you.

And So . . .

- Learn the **nathanna úsáideacha** (pages 4–6) and learn any other ones that you find out about yourself.

- Practise writing them out regularly, until you are sure that you know them inside out.

- Then use the **obair gharbh** method for every single **Giota Leanúnach, Scéal, Litir** and **Comhrá** that you have to write.

- Don't wait for your teacher to give you a composition to do. Write them yourself and ask your teacher to correct them for you. Believe me, 99 per cent of teachers would be only too pleased to do this for you.

- The excuse that *writing out* the **obair gharbh** takes up too much time doesn't wash. In fact students find that *it saves* them lots and lots of time.

Gnáthleibhéal Amháin
Common Composition Topics

We have analysed **composition questions** from past **exam papers** and they show that certain topics come up on a **very regular basis**. We include here a number of those topics.

- Music, concerts, nightclubs, disco
- TV and films
- Holidays, travel
- Sport
- Summer work
- Social issues (drink, drugs, etc)

- Pastimes
- Career, after Leaving Cert, etc.
- People (person) you admire

What To Do Next?

As previously pointed out you need to attempt **two compositions** from a **choice of nine** that will be on the examination paper. We would therefore advise the following strategy:

1 **Prepare vocabulary, phrases, set pieces,** covering some of the **common topics** listed on the previous page.

2 Be able to adapt any of your pre-learned material, **including** your **nathanna úsáideacha,** to any of the **four types of composition,** on the exam paper.

3 So instead of being confined to a **choice** of one out of **three** as in **A** (**Giota Leanúnach**) you will have a **real choice** of **one out of nine.**

4 These methods have been well tested with **groups of Leaving Cert. students** many of whom could be classified as '**very weak at Irish**'. **The results were nearly always first class.**

Analysis of Recent Composition Questions

Our analysis of past exam questions (pages 9–13) has shown us that certain topics come up on a regular basis. We now provide a **brief snapshot of compositions** that have come up over the last few years in **A: Giota Leanúnach, B: Scéal, C: Litir and D: Comhrá.** This should help students to focus fully on the **topics** that need to be prepared for the exam.

Gnáthleibhéal Amháin
Recent Exam Papers

Recent Exam Paper 1

A. Giota Leanúnach (Essay)

1 Last summer.

2 Ireland: best country in the world.

3 Sport.

B. Scéal (Story)

1 I won two air tickets in a competition. My friend and I went on a three-day trip . . .

2 Now I know what job I would like. Work experience in Transition Year was great. I enjoyed those two weeks . . .

C. Litir (Letter)

1 You family bought a shop a few months ago. Write a litter to a friend telling them about the shop and your work there.

2 Write a letter to the producer of your favourite radio programme.

D. Comhrá (Conversation)

1 Conversation with your mother after you get home late from a party, when you forgot to tell her what time you would return home.

2 Conversation with your parents about getting a pet, which they do not want.

Recent Exam Paper 2

A. Giota Leanúnach (Essay)

1 My Life after the Leaving Cert.

2 Television.

3 Young people's problems in the Ireland of today.

B. Scéal (Story)

1 Our car breaks down in the countryside.

2 I was about to sing for Phil Coulter, Linda Martin and Louis Walsh.

C. Litir (Letter)

1 A letter to a friend about your birthday present.

2 A letter to your uncle (aunt) saying why you are quitting the summer job they gave to you.

D. Comhrá (Conversation)

1 A conversation with your brother (sister) about untidiness.

2 A conversation with your Dad (Mam) about going to the Olympic Games.

Recent Exam Paper 3

A. Giota Leanúnach (Essay)

1 Young people's pastimes nowadays.
2 Friends.
3 A famous place that you like.

B. Scéal (Story)

1 You and a friend are waiting outside a disco, and you see a Garda walking towards you.
2 Charlie Bird and RTÉ's cameras are waiting for you outside school.

C. Litir (Letter)

1 A letter to your friend about your holiday with your aunt in America.
2 A letter to a newspaper editor about weekend and evening work.

D. Comhrá (Conversations)

1 A conversation with a friend about TG4 programmes.
2 A conversation with a parent about going on holidays with your friends.

Recent Exam Paper 4

A. Giota Leanúnach (Essay)

1 Remembering your holidays.
2 Films.
3 The mobile phone in modern life.

B. Scéal (Story)

1 A dark night. It's late and Úna is not home yet.
2 The headmaster tells you to look after a new student at school.

C. Litir (Letter)

1 A letter to your friend about your summer job.
2 A letter to the school magazine about helping poor people in a Third World country.

D. Comhrá (Conversation)

1 A conversation with a friend about a new night club.

2 A conversation with a parent about going to the World Cup.

Recent Exam Paper 5

A. Giota Leanúnach (Essay)

1 Young people in today's Ireland.

2 Your life after the Leaving Cert.

3 The value of pastimes.

B. Scéal (Story)

1 Séamas closed and locked the door and thought all was well that night . . .

2 Something wonderful that happened to your friend after school.

C. Litir (Letter)

1 A letter to a friend about a concert you were at.

2 A letter of complaint to a newspaper.

D. Comhrá (Conversation)

1 A conversation with a friend about sport.

2 A conversation with a parent about going to a disco.

Recent Exam Paper 6

A. Giota Leanúnach (Essay)

1 Music in Ireland.

2 A well-known person that you respect.

3 Highlights of last year.

B. Scéal (Story)

1 Your friend woke up suddenly. There was movement outside the house.

2 You opened and read a letter and didn't know what to do next.

C. Litir (Letter)

1 A letter to a friend about your summer job.

2 A letter to TG4 complaining about their programmes.

D .Comhrá (Conversation)

1 A conversation with a friend who is taking drugs.

2 A conversation with a parent about what you can watch on TV.

Gnáthleibhéal Amháin
Giota Leanúnach — (Essay)

A **Giota Leanúnach (Essay)**

Am: 50 nóiméad

Marcanna: 60 marc

Fad: leathanach nó mar sin (150-160 focal)

WHAT DO I NEED TO DO?

- Write an essay (giota) of about **half a page** based on one of the **three choices** given.

- Use good Irish – with verbs in their correct tenses. Use the **nathanna úsáideacha** (pages 4-6) and the **obair gharbh** method (pages 3-6).

- Make 3-4 good points, all connected to the subject, in 3-4 short paragraphs.

HOW DO I DO IT?

- Choose an essay (giota) that you understand.

- Ask yourself 'Could I write 3-4 paragraphs about this subject, <u>and</u>, Do I know enough nathanna úsáideacha to make a very good impression on the examiner?'

- If the answer is 'YES', begin with a short, clear paragraph, and continue on with as many good phrases as you can remember.

- Remember that *48* of the *60 marks* are for the quality and standard of your Irish.

ESSENTIAL SKILLS

- Learn *and* practise using your nathanna úsáideacha.
- Learn the Irregular Verbs and how to use them.

DO NOT DO THIS

- **Do not** use long complicated sentences.
- **Do not** write too much. 150-160 words is enough.
- **Do not** write too little as it will lose you marks.

Giota Leanúnach — Worked Examples

Worked Example — Exam Question 1

We have written this **giota leanúnach** using the **obair gharbh method,** outlined on previous pages.

Giota Leanúnach: Sampla 1

M'Áit Dúchais

Obair Gharbh

Is breá liom – I like

Creidim – I believe

Tá mé craiceáilte faoi – I'm mad about it

Fíor-dheas – really nice

An t-uafás – lots

Go leor leor – lots and lots

Chomh maith leis sin – as well as that

Ar an gcéad dul síos – first of all

Den chéad scoth – first class

Is aoibhinn liom – I really like

Déarfainn – I'd say

I gceartlár – in the dead centre

Ó chian is ó chóngar – from everywhere, from far and wide

Ar nós – such as

Cuirim i gcás – for example

Chun an fhírinne a rá – to tell the truth

B'fhearr liom – I'd prefer

Táim ag ceapadh – I think

An Áit Is Mó a Thaitníonn Liom

Is breá liom m'áit dúchais. **Creidim** nach bhfuil áit ar bith eile ar an domhan seo chomh maith leis. Rugadh agus tógadh mé i mBéal an Átha, i gContae Mhaigh Eo, agus is baile fíor-dheas é. Tá an t-uafás áiseanna ann do dhaoine fásta agus do dhéagóirí.

Ar an gcéad dul síos tá **an t-uafás** clubanna spóirt ann **ar nós** peil ghaelach, rugbaí agus sacar. **Chomh maith leis sin** tá leabharlann, linn snámha agus páirceanna imeartha **den chéad scoth**. Tá Club na nÓg **i gceartlár** an bhaile agus **is breá liom** dul ann le mo chairde.

Is baile mór é Béal an Átha agus **déarfainn** go bhfuil **tuairim** is fiche míle duine ina gcónaí ann. Tagann **go leor leor** daoine **ó chian is ó chóngar** go dtí an baile seo ag an deireadh seachtaine mar gheall ar na háiseanna agus na siopaí atá ann. **Chun an fhírinne a rá** tá go leor fadhbanna sa cheantar, **cuirim i gcás** foréigean agus fadhb na ndrugaí ach **b'fhearr liom** Béal an Átha ná áit ar bith eile in Éirinn.

Gluais

Rugadh agus tógadh – born and bred

Áiseanna – facilities

Páirceanna imeartha – playing fields

Fadhbanna – problems

Foréigean – violence

An t-uafás – an awful lot

Worked Example — Exam Question 2

This **giota leanúnach** has a number of **words** and **phrases** all marked in **bold**. Most of these are from the **obair gharbh** as outlined on previous pages.

Giota Leanúnach: Sampla 2

Duine a Bhfuil Meas Agam Air/Uirthi

Ní bréag ar bith a rá go bhfuil meas mór agam ar **go leor leor** daoine, **cuirim i gcás**, Nelson Mandela, Muhammad Ali, Adi Roche agus **go deimhin**, John Fitgerald Kennedy (nach maireann), ach **ag an am céanna, táim ag ceapadh** gurb é Seán Óg Ó hAilpín, an duine is mó a bhfuil meas agam air.

Rugadh agus tógadh Seán Óg ar oileán Fiji agus tháinig sé go dtí an tír seo nuair a bhí sé óg. **Níl ach fíorbheagán eolais agam** faoi Fiji ach tá mé craiceáilte faoi Ó hAilpín, mar is iománaí **den chéad scoth** é. Ní dhéanfaidh mé dearmad **go deo na ndeor** ar an lá a d'ardaigh sé Chorn Mhic Cárthaigh os comhair an tslua i bPáirc an Chrócaigh, agus **go mór mór**, an óráid iontach a rinne sé. **Dála an scéil** labhair sé i nGaeilge álainn an lá sin. Chuala mé daoine ag gearán faoin óráid sin ach **is beag é mo mheas orthu** agus **is cuma sa diabhal liom** fúthu. **Mar a dúirt mé cheana** is iománaí **den chéad scoth** Seán Óg, agus **is aoibhinn liom** é mar dhuine.

Gluais

Go leor leor – lots and lots
Rugadh agus tógadh – born and bred
A d'ardaigh sé – that he raised
Óráid – speech
Ag gearán – complaining
Nach maireann – who is not alive, deceased

Worked Example — Exam Question 3

This **giota leanúnach** has a number of **words** and **phrases** (**nathanna úsáideacha**) all marked in **bold**. Most of these are from the **obair gharbh** as outlined on previous pages.

Giota Leanúnach: Sampla 3

An Saol atá Romham

Tá **áthas an domhain orm** go bhfuil an Ardteist beagnach críochnaithe agam. **Ní bréag ar bith a rá** go bhfuil mé **tuirseach traochta** ach **ag an am céanna níl barúil dá** laghad agam cad a dhéanfaidh mé sa todhchaí. Táim ag ceapadh gur mhaith liom a bheith i mo mheicneoir ach níl ach fíorbheagán eolais agam faoin cheird sin.

Ceapann mo mháthair go bhfuil mé as mo mheabhair ach creidim nach bhfuil an ceart aici. Creid é nó ná creid chuala mé go bhfuil an pá thar barr agus ba bhreá liom a bheith ag cabhrú le daoine. Beidh orm oiliúint shármhaith a fháil agus teastas san oideachas a ghnóthú i dtosach báire.

Nuair a bheidh mé cáilithe agus mé i mo mheicneoir ba bhreá liom dul thar lear go dtí an Astráil, mar tá mé craiceáilte faoin tír sin. B'aoibhinn liom taithí a fháil sa tír sin, agus ansin, le cúnamh Dé, tiocfaidh mé abhaile go dtí an tír seo chun post a fháil.

Gluais

Tuirseach traochta – tired and worn out

Meicneoir – mechanic

Ceird – a trade

A ghnóthú – to earn

As mo mheabhair – out of my mind

Áthas an domhain – great joy

Pá – pay

Teastas – certificate

Oiliúint shármhaith – excellent training (education)

Cáilithe – qualified

Thar lear – abroad

Taithí – experience

Le cúnamh Dé – with the help of God

Worked Example — Exam Question 4

This giota leanúnach has a number of words and phrases (nathanna úsáideacha) all marked in bold. Most of these are from the obair gharbh as outlined on previous pages.

Giota Leanúnach: Sampla 4

An Ceol in Éirinn

Ar an gcéad dul síos táim ag ceapadh go bhfuil caighdeán an cheoil in Éirinn sármhaith sa lá atá inniu ann. Ní bréag ar bith a rá nach bhfuil ceoltóir níos fearr, i dtír ar bith eile, ná Bono agus U2. Tá mé craiceáilte fúthu. Is aoibhinn liom an ceol a dhéanann siad.

Chomh maith leis sin creidim go bhfuil Christy Moore **thar barr. Dála an scéil** chonaic mé Christy Moore ar an teilifís agus **táim ag ceapadh** go raibh sé **ar fheabhas.** Bhí Donal Lunny agus Davy Spillane ar an gclár céanna leis agus thaitin siad go mór liom.

Déarfainn nach bhfuil amhránaí ar bith eile in Éirinn chomh maith le Juliet Turner. **Is aoibhinn liom** a bheith ag éisteacht léi. **Is fuath liom** Sinéad O'Connor mar go mbíonn sí i gcónaí ag iarraidh **aghaidh na ndaoine a tharraingt uirthi féin.** Is amhránaí **den chéad scoth** í ach **is beag é mo mheas uirthi** mar dhuine, áfach. Tá an ceol in Éirinn an-láidir **i láthair na huaire, buíochas le Dia.**

Gluais

Caighdeán – standard
Thar barr – excellent
Ar fheabhas – excellent
Aghaidh na ndaoine a tharraingt uirthi féin – always looking for people's attention
Den chéad scoth – first class
Áfach – however, unfortunately
Buíochas le Dia – thanks be to God
Amhránaí – singer

Worked Example — Exam Question 5

This **giota leanúnach** has a number of **words** and **phrases** (**nathanna úsáideacha**) all marked in **bold**. Most of these are from the **obair gharbh** as outlined on previous pages.

Giota Leanúnach: Sampla 5

An Tábhacht a Bhaineann le Spórt

Níl amhras ar bith nach bhfuil bealach níos fearr chun do **scíth a ligean** ná spórt. **Creidim** go dtugann spórt sos intinne agus coirp do dhaoine. **Táim ag ceapadh** go gcaitheann an iomarca daoine an iomarca ama ag féachaint ar an teilifís agus ag éisteacht le ceol **in ionad** páirt a ghlacadh i spórt éigin.

Creid é nó ná creid deir na saineolaithe go gcuidíonn spórt le staidéar agus le foghlaim. **Ní bréag ar bith a rá** go mba chóir dúinn uile spéis a bheith againn i gcúrsaí spóirt agus **ní hamháin** sin ach a bheith páirteach i gcúrsaí spóirt.

Déarfainn go bhfuil **tairbhe faoi leith** le baint as a bheith páirteach i gcúrsaí spóirt. Is mór an **faoiseamh** é an spórt ó **strús an tsaoil** agus **go mór mór** ó obair scoile.

Chomh maith leis sin cuidíonn an spórt le **neamhspleáchas** agus **muinín** a spreagadh i ndaoine. **Is aoibhinn** liomsa spórt agus **níl a fhios agam ó thalamh an domhain** cén fáth nach ndéanann an rialtas iarracht níos fearr chun suim **a mhúscailt** ann i measc na ndaoine.

Gluais

Níl amhras ar bith – there's no doubt

Scíth a ligean – to rest, relax

Sos intinne agus coirp – rest for mind and body

In ionad – instead of

An iomarca – too much

Na saineolaithe – the experts

Páirteach – participating in

Ní hamháin sin – not only that

Tairbhe faoi leith – particular benefit, value

Faoiseamh – relief

Strus an tsaoil – the stress of life

Neamhspleáchas – independence

Muinín – confidence

A mhúscailt – to inspire, awaken

Obair Duit Féin

1 M'áit dúchais.

2 Caithimh aimsire atá ag daoine óga in Éirinn inniu. (Iar-Ardteist)

3 Ag féachaint siar ar mo laethanta saoire. (Iar-Ardteist)

4 An taitneamh a bhainim as an léitheoireacht. (Iar-Ardteist)

5 An cineál saoil a bheidh agam, dar liom, tar éis na hArdteistiméireachta. (Iar-Ardteist)

6 Seanfhear a bhfuil aithne agam air. (Iar-Ardteist)

7 Slí bheatha ar mhaith liom.

Scríobh **leathleathanach (150-160 focal) nó mar sin** ar na giotaí leanúnacha sin thuas.

Gnáthleibhéal Amháin
Scéal a Scríobh — (Story)

B **Scéal a Scríobh**

Am: 50 nóiméad

Marcanna: 60 marc

Fad: leathanach nó mar sin (150-169 focal)

WHAT DO I NEED TO DO

- Write a story of about **half a page** based on either of the **two choices** given.
- Write the story in good simple Irish with **verbs** in the **past tense** <u>only</u>.
- Use plenty of **nathanna úsáideacha** from your **treasure chest** (pages 4-6) and the **phrases** and **one-liners** (pages 22-23) that follow.

HOW DO I DO IT?

- Ask yourself '**Could I write a story of 150-160 words about this story, <u>and</u> Do I know enough nathanna cainte to impress the examiner?**'
- Remember that 80% of the marks, *48 out of 60*, are for your richness, quality and standard of Irish.

ESSENTIAL SKILLS

- Be sure to use your **nathanna úsáideacha** (pages 4-6) and **obair gharbh method** (pages 3-6).
- Practise writing using your verbs, especially the **Irregular Verbs**, in the **past tense**. This is **essential** to **success** in the scéal.
- Learn and practise using the special vocabulary for the scéal that follows (pages 21-22).

DO NOT DO THIS

- **Do not** write long complicated sentences – they lead to more mistakes.
- **Do not** forget to continually check that you are writing your sentences in the past tense.
- **Do not** write too much or too little, as both can cost you valuable marks.

Skill One

Phrases Group A

Pick out and **become familiar with (learn) 10 to 15** of these phrases and practise using them. They will come in very handy for writing the **scéal composition** and indeed for any other kinds of composition.

Bhí scáth na hoíche ag titim – night was falling
Ní raibh cíos, cás ná cathú orm – there wasn't a bother on me
Ní raibh duine ná deoraí le feiceáil – there wasn't a person to be seen
Ar deireadh thiar thall – at long last
Go gairid ina dhiaidh sin – shortly after that
Bhí an áit plódaithe le daoine – the place was packed with people
Chuaigh mé sa tseans – I went on the chance
Ar mhuin na muice – on the pig's back
Bhí mé slán sábháilte – I was safe and sound
Gan choinne – without any warning
Bhí rí-rá agus ruaille buaille – there was a hullabaloo
Bhí ionadh an domhain orm – I was amazed
Baineadh geit (uafásach) asam – I got (an awful) fright
Thug mé faoi deara – I noticed
Bhí mé tuirseach traochta de – I was tired and fed-up with it
Bhí mé scanraithe i mo bheatha – I was scared of my life
Bhí mé i bhfad ó bhaile – I was far from home
Rinne mé mo sheacht ndícheall – I did my level best
Ar eagla na heagla – just in case
Ar strae – astray

Phrases Group B

Pick out and **become familiar with (learn) 10 to 15** of these phrases and practise using them. They will come in very handy when writing the **scéal composition** and indeed for any other kinds of composition.

Bhí brón orm – I was sad
Bhí áthas orm – I was happy
Bhí ocras orm – I was hungry
Bhí tart orm – I was thirsty
Bhí eagla orm – I was afraid
Bhí tuirse orm – I was tired
Bhí uaigneas orm – I was lonely
Gan stró ar bith – without any bother
Ar nós na gaoithe – very quickly
Thaitin (____) go mór liom – (____) pleased mé greatly
Gan a thuilleadh moille – without further delay
Ina dhiaidh sin uile – after all that
Ní raibh gíog ná míog asam – there wasn't a sound out of me
Idir an dá linn – in the meantime
Chuir mé fios ar – I sent for

Skill Two

One-Liners

Pick out and **become familiar with (learn)** some of the **one-liners** below, and practise using them in **scéal compositions.**

Ní dhéanfaidh mé dearmad ar an oíche (lá) sin go deo na ndeor – I'll never forget that night (day)
Bhí sé i gcoim na hoíche agus bhí an saol ina gcodladh sámh – it was the middle of the night and the world was fast asleep
Ní raibh aon choinne agam lena leithéid – I wasn't expecting anything like that
Is maith is cuimhin liom – I well remember
Ní raibh a fhios agam ó thalamh an domhain cad a dhéanfainn – I hadn't a notion what to do

Bhí mé ar ballchrith le heagla – I was shaking with fear

Ní raibh barúil dá laghad agam cad a dhéanfainn – I hadn't a clue what to do

Thosaigh mé ag cur allais go tiubh – I began to sweat profusely

Bhí mé báite le hallas – I was drowned with sweat

Is maith is cuimhin liom é – I remember it well

Bhí sé dochreidte – it was unbelievable

Skill Three

Verb Power

Some Irregular Verbs (past tense)

Bhí mé sa teach liom féin.

Chonaic mé an gadaí ag an doras.

Fuair mé cabhair ón múinteoir.

D'ith mé mo dhinnéar go tapaidh.

Chuala mé torann lasmuigh (outside) den teach.

Rinne mé iarracht (an effort).

Chuaigh mé abhaile ar nós na gaoithe.

Tháinig mé abhaile go tapaidh.

10 Other Useful Verbs

Chuimhnigh mé ar mo mhála – I remembered my bag.

Ghortaigh mé mo chos – I hurt my foot.

Shocraigh mé dul go dtí na Gardaí – I decided to go to the Guards.

Bhuail mé le mo chara – I met my friend.

Shiúil mé abhaile go tapaidh – I walked home quickly.

Mhínigh mé cad a tharla do mo mháthair – I explained what happened to my mother.

Bheartaigh mé ar dhul abhaile – I decided to go home.

Bhrostaigh mé abhaile go tapaidh – I hurried home.

Additional Guidelines

- On the day of the exam scan the **title/first sentence** for **keywords**. From these you can figure out what the **story is about**.
- As long as your story is **connected** in **some way** to the heading you should be just fine.

■ **Remember** that it is a **scéal** so keep <u>all of your sentences</u> in the **past tense**, e.g. 'Chuala mé', 'Chonaic mé', 'Chuaigh mé', 'Bhí mé', 'Rinne mé', 'D'ith mé' etc. <u>Note</u> that **most** of the **verbs** that you will need to use are **irregular verbs**.

Scéal a Scríobh — Worked Examples

Worked Example — Exam Question 1

This **sample scéal** and those that follow have a number of **nathanna cainte** (pages 4-6), **phrases** (pages 21-22) and **one-liners** (pages 22-23), **all marked in bold**. You should note carefully how they are used and practise using them yourself in all your **classwork, homework** and **examinations**. You will quickly see a **marked improvement** in your **writing of scéals**.

Scéal: Sampla 1

Ceap **scéal** (**leathleathanach** nó mar sin) a mbeidh <u>ceann</u> de na sleachta seo oiriúnach mar thús leis. (**Iar-Ardteist**)

(i) 'Bhí an oíche stoirmiúil. Bhí sé leathuair tar éis a haon déag. Ní raibh Caitlín tagtha abhaile go fóill . . .'

The above is the beginning of the **scéal**, and it has to be continued and make sense.

. . . **Bhí mé scanraithe i mo bheatha. Ní raibh barúil dá laghad agam cad a dhéanfainn. Ar deireadh thiar thall chuaigh mé amach agus thosaigh mé ag cuardach ar fud na háite. Bhí scáth na hoíche tite agus ní raibh duine ná deoraí le feiceáil.**

Ar aon nós chuaigh mé síos go dtí stáisiún na nGardaí **ar nós na gaoithe. Bhí mé ag ceapadh** go mbeadh Caitlín ansin ach **creid é nó ná creid** dúirt na Gardaí nach raibh **barúil dá laghad** acu cá raibh sí. Bhí **ionadh an dornhain orm** nuair a chuala mé an méid a dúirt siad mar **ní raibh aon choinne agam lena leithéid.**

Pé scéal é chuimhnigh mé go raibh Caitlín ag dul go dtí teach a haintín an oíche úd. Bhrostaigh mé síos an bóthar agus mé **ar mo sháimhín só. Go gairid ina dhiaidh sin** tháinig carr síos an bóthar agus **thug mé faoi deara** go raibh Caitlín sa charr. **Bhí áthas an domhain orm** nuair a chonaic mé í. **Ní raibh cíos, cás ná cathú** uirthi agus **rinne mé mo sheacht ndícheall gan íde béil a thabhairt** di. Ach **bhí sí slán sábháilte** agus bhí mise **ar mhuin na muice** ansin.

Gluais

Ag cuardach – searching

Íde béil – a tongue lashing

Worked Example — Exam Question 2

Scéal: Sampla 2

Ceap **scéal** (**leathleathanach** nó mar sin) a mbeidh ceann de na sleachta seo a leanas oiriúnach mar thús leis. (**Iar-Ardteist**)

(i) **Bhí sé déanach san oíche. Bhíomar amuigh faoin tuath. Stop an carr. Theip ar an inneall. Bhíomar i bponc (i dtrioblóid). . . . Bhí mé scanraithe i mo bheatha mar ní raibh aon choinne agam lena leithéid. Ní raibh duine ná deoraí le feiceáil** agus **ní raibh a fhios againn ó thalamh an domhain** cad ba chóir dúinn a dhéanamh. **Ní dhéanfaidh mé dearmad ar an oíche sin go deo na ndeor. Bhí mé i bhfad ó bhaile agus bhí eagla an domhain** ar an mbeirt againn.

Ní raibh barúil dá laghad agam cad a dhéanfainn agus bhí mo chara agus mé féin ag cur allais go tiubh. Ar deireadh thiar thall thug mé faoi deara go raibh teach ar bharr an bhóthair. Dúirt mé le mo chara fanacht sa charr agus **bhrostaigh mise i dtreo an tí.** Shroich mé an teach **ar ball beag** agus **ní bréag ar bith a rá** go raibh mé **ar mhuin na muice** nuair a dúirt fear an tí go raibh sé sásta mise agus ma chara a thabhairt abhaile. **Bhíomar slán sábháilte** agus **ní raibh cíos, cás ná cathú orainn.**

Gluais

Thug mé faoi deara – I noticed

Bhrostaigh mise – I hurried

I dtreo an tí – in the direction of the house

Ar ball beag – in a little while

Shroich mé – I reached

Bhíomar slán sábháilte – we were safe and sound

Worked Example — Example Question 3

Scéal: Sampla 3

Ceap **scéal** (**leathleathanach** nó mar sin) a mbeidh ceann de na sleachta seo a leanas oiriúnach mar thús leis. (**Iar-Ardteist**)

(i) **Dhún Áine an doras agus chuir sí an glas air. Cheap sí go raibh gach rud i gceart an oíche sin. . . . Bhí sé i gcoim na hoíche agus bhí an saol ina gcodladh go sámh.** Bhí a deartháir imithe go dtí an dioscó agus bhí sí **i bhfeighil an tí.** Chuala sí torann taobh amuigh ach nuair a d'fhéach sí amach **ní raibh duine ná deoraí le feiceáil.** Bhí sí scanraithe ina beatha mar **ní raibh aon choinne aice lena leithéid.**

Ní raibh barúil dá laghad aici cad a dhéanfadh sí ach **ar aon nós** chuaigh sí isteach sa chistin agus **rug sí greim an duine bháite** ar an scuab. Bhrostaigh sí go dtí an fón agus **chuir sí fios** ar na Gardaí. Ansin **thug sí faoi deara** go raibh duine éigin thuas staighre sa leithreas. Bhí sí **i gcruachás ceart** ansin. Rith sí suas an staighre agus an scuab ina lámha aici. **Ní bréag ar bith a rá** go raibh sí **ar ballchrith le heagla. Thosaigh sí ag cur allais go tiubh.**

Ansin tháinig na Gardaí agus rith siad suas an staighre **ar nós na gaoithe.** Cé a bhí sa leithreas ach a deartháir, Liam, agus bhí sé **ag imirt cleas** uirthi. Bhí sí ar buile leis agus bhí **náire an domhain** ar Liam. Thug sí **íde béil** do Liam agus **ghabh sí buíochas** leis na Gardaí.

Gluais

I bhfeighil an tí – in charge of the house

Rug sí greim an duine bháite – she got a tight grip (dead person's grip)

Chuir sí fios – she sent for

I gcruachas ceart – in a really bad way

Ag imirt cleas – playing a trick

Náire an domhain – great shame

Íde béil – a tongue lashing

Ghabh sí buíochas – she thanked

Ar buile – raging

Worked Example — Exam Question 4

Scéal: Sampla 4

Ceap **scéal (leathleathanach** nó mar sin) a mbeidh ceann de na sleachta seo a leanas oiriúnach mar thús leis. (**Iar-Ardteist**)

(i) 'Is maith is cuimhin liom an lá sin. Bhí na Gardaí ag fanacht liom taobh amuigh den scoil. . . . Bhí eagla an domhain orm mar ní raibh aon choinne agam lena leithéid. Ní raibh a fhios agam ó thalamh an domhain cad a bhí ag teastáil uathu. Chuir an sáirsint ceist orm faoi thimpiste a tharla ar an mbóthar go moch ar maidin. Bhí mé ar ballchrith le heagla agus thosaigh mé ag cur allais go tiubh.

Pé scéal é dúirt mé leis nach raibh mé ag tiomáint ar maidin ach níor chreid an sáirsint mé. **Ní raibh cíos, cás ná cathú orm** deich nóiméad roimhe sin ach **bhí mé scanraithe i mo bheatha** ansin. **Ar deireadh thiar thall** bheartaigh mé ar **éalú** agus thosaigh mé ag rith **ar nós na gaoithe** i dtreo na ngeataí.

Bhí an lá ina shamhradh agus ní raibh puth gaoithe ag séideadh nuair a shroich mé na geataí agus mé **ar mo bhealach abhaile**. Rith mé isteach i mo theach agus shuigh mé síos **ar mo sháimhín só**. Cheap mé go raibh mé **ar mhuin na muice**. Ansin **thug mé faoi deara** go raibh an sáirsint taobh amuigh. **Rinne mé mo sheacht ndícheall éalú** uaidh ach theip orm. Rug sé greim daingean orm agus **ní raibh gíog ná míog asam**. Dála an scéil dúirt sé liom go ndearna siad botún agus go raibh brón orthu. **Bhí ionadh an domhain orm** ach **ag an am céanna** bhí **áthas an domhain orm** go raibh mé **slán sábháilte**.

Gluais

Sáirsint - sergeant

Ag tiomáint – driving

Níor chreid – didn't believe

Éalú – escape

I dtreo na ngeataí – towards the gates

Bhí an lá ina shamhradh agus ní raibh puth gaoithe ag séideadh – it was a summer's day and there wasn't a wisp of wind blowing.

Ar mo bhealach abhaile – on my way home

Ar mo sháimhín só – very comfortably

Ar mhuin na muice – on the pig's back

Ní raibh gíog ná míog asam – there wasn't a sound out of me

Botún – a mistake

Daingean – tight

Worked Example — Exam Question 5

Scéal: Sampla 5

Ceap **scéal** (**leathleathanach** nó mar sin) a mbeidh ceann de na sleachta seo a leanas oiriúnach mar thús leis. (**Iar-Ardteist**)

'Bhí ag éirí go maith le Pádraig. Bhí an t-ádh air sa deireadh' . . . D'oscail sé an litir agus creid é nó ná creid cad a bhí sa litir ach toradh na hArdteistiméireachta. **Bhí sé scanraithe ina bheatha** ar dtús, mar **ní raibh aon choinne aige lena leithéid** an lá úd. **Ní raibh duine na deoraí le feiceáil** nuair a d'fhéach sé ar na torthaí. Bhí sé ar **ballchrith le heagla** agus **thosaigh sé ag cur allais go tiubh**.

Baineadh geit uafásach as nuair a chonaic sé an chéad **toradh:** A1 i mBéarla. **Bhí sé dochreidte** mar ní raibh sé ag súil **lena leithéid.** Chonaic sé an toradh i nGaeilge, ansin, **A1 eile. Bhí ionadh an domhain** air. **Go gairid ina dhiaidh sin** chonaic sé **Mata, Ardleibheal, A1. Bhí sé báite le hallas amach is amach** ansin agus **ní raibh barúil dá laghad aige cad a dhéanfadh sé.**

Go tobann chuala sé cnag ar an doras. 'Dúisigh, a Phádraig,' arsa a mháthair, 'Tá an Ardteist ag tosú inniu'. **Creid é nó ná creid,** brionglóid a bhí aige an oíche roimhe sin. Bhí **díomá** ar Phádraig agus **bhí sé tuirseach traochta** ag dul ar scoil an lá úd. **Pé scéal é rinne sé a sheacht ndícheall** ag na scrúduithe agus **bhí áthas an domhain air** nuair a fuair sé an toradh ceart i lár mhí Lúnasa. **Ní raibh cíos, cás ná cathú air** mar **creid é nó ná creid** fuair sé **A1 i Mata, A1 i mBéarla** agus **go deimhin, A1 i nGaeilge.**

Gluais

Toradh – the result

Ag súil – expecting

Go tobann – suddenly

Brionglóid – a dream

Díomá – disappointment

Bhí sé tuirseach traochta – he was tired and worn out

Obair Duit Féin

We include here the beginnings of a number of **scéalta** from past exam papers. You should practise writing as many of these as you can. As can be seen from the **sample scéalta** on previous pages, you can use pretty much the very same **nathanna cainte** (pages 4-6) and **special scéal vocabulary** (pages 21-23) **for nearly any kind of scéal** that might come up. But you must **remember** that you should **learn by heart and practise using this vocabulary.**

Ábhair Scéalta (Iar-Ardteist)

Ceap **scéal (leathleathanach** nó mar sin) a mbeidh <u>ceann</u> de na sleachta seo a leanas oiriúnach mar thús leis.

(i) 'Is cuimhin liom go maith an lá sin. Bhí Phil Coulter, Linda Martin agus Louis Walsh as *You're a Star* ina suí ar m'aghaidh amach. Bhí mé chun amhrán a rá . . .

(ii) 'Bhí mé féin agus mo chara taobh amuigh den dioscó. Chuir sé (nó sí) bosca beag isteach i mo láimh. Ansin rith sé (nó sí). D'fhéach mé timpeall. Bhí Garda ag siúl i mo threo . . .'

(iii) 'Tá dalta nua sa rang. Hassan an t-ainm atá air. Is as Cosobhó dó. "Tabharfaidh tusa aire don dalta sin inniu," arsa an Príomhoide liom . . .'

(iv) 'Bhí mo chara, Róisín, ag fanacht liom ag geata na scoile. Bhí áthas an domhain uirthi. "Tharla rud iontach dom inné tar éis na scoile," a dúirt sí . . .'

(v) 'D'oscail mé an litir agus léigh mé í. Ní raibh a fhios agam cad ba cheart dom a dhéanamh . . .'

(vi) 'Dhún Nora an mála agus chuir sí an glas air . . .'

(vii) 'D'inis mo thuismitheoirí dom go raibh siad chun ár dteach a dhíol agus teach nua a cheannach i gceantar eile . . .'

(viii) 'Ag cur bia ar sheilf a bhí mé san ollmhargadh ina raibh mé ag obair nuair a thit an tseilf anuas ar an urlár . . .'

Gnáthleibhéal Amháin
Litir a Scríobh — (Letter)

C   Litir a Scríobh (Letter)

Am: 50 nóiméad

Marcanna: 60 marc

Fad: leathanach nó mar sin (150-160 focal)

WHAT DO I NEED TO DO?

- Write a letter of about **half a page** from one of **two given topics**.
- Use good simple Irish – with verbs in their correct tenses. Use plenty of good **nathanna cainte** from your **treasure chest** (pages 4-6), your **scéal vocabulary** (pages 21-22) and your **litir vocabulary** (pages 32).
- Remember to write a letter of approx **150-160 words** (excluding date and address).

HOW DO I DO IT?

- Pick a letter that you understand and have a good idea how to write
- Make sure that you have (a) a seoladh (b) dáta (c) tús and (d) críoch learned off.
- Be sure to make 3-4 good points about the subject of the litir.

ESSENTIAL SKILLS

- Learn and practise using **nathanna cainte** and the other vocabulary referred to above (What Do I Need To Do?).
- Learn and practise some of the short sentences that suit the type of letters that come up regularly (pages 31-32).
- You should practise using the **obair gharbh** method (pages 3-6).

DO NOT DO THIS

- **Do not** write long complicated sentences. They cost you marks.
- **Do not** write too much or too little.
- **Do not** write in the wrong tense. It's a real no no.

Additional Guidelines

- There is usually a choice between a **Litir Phearsanta** (Personal Letter) and a **Litir Fhoirmiúil** (Formal Letter).
- Always pick the **litir** that you **understand best** and that you believe you have **sufficient vocabulary, including nathanna cainte,** for.
- The address you use should be **in Irish,** unless your letter is from **abroad**.
- You **don't** have to use your own home address.
- Most students find it **much easier** to write a **Litir Phearsanta**.
- As stated on the previous page you should make full use of the **nathanna úsáideacha** from your **treasure chest** (pages 4-6), **your vocabulary** (pages 21-22) and your **litir vocabulary** (p. 32). Remember that it is the **standard** and **richness of your Irish** that will get you the **most marks.** (80%)
- You should also pay full attention to the **Format of Litir** section that follows these **guidelines**.

Format of Litir

Tús, Beannú (Greeting)

Litir Phearsanta

A Sheáin, a chara,

A Chaitlín, a chroí,

A Mháire, a chara,

A Dhonncha, a chara liom,

A mháthair dhil,

A athair dhil,

A thuismitheoirí,

Dia duit. Beatha agus sláinte. Cén chaoi a bhfuil tú ar chor ar bith? Tá súil agam go bhfuil tú féin agus do mhuintir i mbarr na sláinte.

Litir Fhoirmiúil

A chara,

A Phríomhoide, a chara,

A Eagarthóir, a chara,

A Dhuine Uasail,

Analysis of Recent Litir Exam

Litir Phearsanta

- **Litir** to a friend about a **present** you got.
- **Litir** to your uncle/aunt about a **summer job**.
- **Litir** to a friend about a **holiday** in America.
- **Litir** to a friend about a **concert**.
- **Litir** to a friend about **summer work**.
- **Litir** to a friend about a **foreign holiday**.
- **Litir** to your parents about them **selling the house**.
- **Litir** to a friend about **football**.

Litir Fhoirmiúil

- Litir to editor of **school magazine** about **voluntary work abroad.**
- Litir to newspaper editor about **evening work.**
- Litir to editor **complaining.**
- Litir to TG4 **complaining about their programmes.**
- Litir to editor **complaining** about **school exams.**
- Litir to editor about **Irish culture.**
- Litir to editor about **pollution.**

Nathanna Úsáideacha don Litir

- **Bhí áthas an domhain orm do litir a fháil cúpla lá ó shin** – I was delighted to receive your letter a couple of days ago.
- **Fuair mé do litir Déardaoin seo caite** – I received your letter last Thursday.
- **Bhí sé ar intinn agam litir a scríobh chugat níos luaithe** – I intended writing to you sooner.
- **Tá súil agam go bhfuair tú mo litir** – I hope you got my letter.
- **Tá súil agam go bhfuil chuile rud ceart go leor** – I hope everything is fine.
- **Tá ag éirí thar barr liom** – I'm getting on great.
- **Níl a thuilleadh le rá agam** – I have nothing else to say.
- **Beidh mé ag súil le litir uait** – I'll be expecting a letter from you.
- **Is fada an lá ó chuala mé uait** – it's many the day since I heard from you.
- **Is oth liom a rá** – I'm sorry to say.
- **Caithfidh mé leithscéal a ghabháil leat as . . .** – I must apolgise for . . .
- **Slán go fóill** – goodbye for now.
- **Slán tamall** – goodbye for a while.

Litir a Scríobh — Worked Examples

Worked Example — Exam Question 1

This **Litir Shamplach** and those that follow contain a number of **nathanna cainte** (pages 4-6), **phrases** (pages 21-23) and **nathanna úsáideacha don litir** (p. 32), all marked in **bold**. You should note carefully how they are used, and practise using them yourself in all of your **classwork, homework** and **examinations**. You will very quickly see **a marked improvement** in your writing of **litreacha** of all kinds.

Litir: Sampla 1 (Litir Phearsanta)

(i)   Bhí tú ag ceolchoirm a bhí an-mhaith le déanaí. Scríobh **an litir** (leathleathanach nó mar sin) a chuirfeá chuig cara leat faoi sin. **(Iar-Ardteist, 60 marc)**

55 Sráid Phádraig,
Droichead Átha,
Contae Lú.

5ú Lúnasa 2006.

A Sheáin, a chara dhil,

Beatha agus sláinte. Conas atá an saol agat féin. Tú súil agam go bhfuil tú féin agus do mhuintir i mbarr na sláinte.

Bhí mé ag ceolchoirm sa Lárionad Ealaíon anseo i nDroichead Átha le déanaí agus thaitin sí go mór liom. *Reneged* an grúpa a bhí ann agus bhí siad ar fheabhas. **Ní dhéanfaidh mé dearmad ar an oíche sin go deo na ndeor mar bhí sé dochreidte.** Bhain mé fíor-thaitneamh as an amhrán 'Just in Time' agus **chomh maith leis sin** 'Bring It on Baby'. **Ní bréag ar bith a rá** go raibh **áthas an domhain orm.**

Creid é nó ná creid níor chas siad 'Longing for You' ach **is cuma sa diabhal liom** faoin amhrán sin. **Tá mé craiceáilte** faoin ngrúpa sin agus **is aoibhinn liom** an ceol atá acu. **Is beag é mo mheas** ar na daoine a bhíonn ag gearán faoi '*Reneged*'. **Níl ach fíorbheagan eolais acu** faoi cheol agus **táim ar nós cuma liom** fúthu.

Níl a fhios agam ó thalamh an domhain cathain a bheidh *Reneged* ar ais in Éirinn, ach **déarfainn** go mbeidh siad anseo arís i mbliana. **Bhuel, a Sheáin, tá súil agam go bhfuil chuile rud ceart go leor** i nDún Dealgan. **Is fada an lá ó chuala mé uait. Scríobh ar ais chugam gan mórán moille le do thoil. Níl a thuilleadh le rá agam. Abair le gach éinne go raibh mé ag cur a dtuairisce.**

Slán go fóill,
Mise, do chara go deo,
Cathal

Gluais

Lárionad Ealaíon – Arts Centre
Le déanaí – lately
Fíorthaitneamh – great joy/pleasure
Ag gearán – complaining

Worked Example — Exam Question 2

Litir: Sampla 2 (Litir Phearsanta)

(i)   Bhí tú ar saoire i dteach d'uncail i gCeatharlach. Scríobh an **litir** (leathleathanach nó mar sin) a chuirfeá chuig cara leat faoi sin. (**Iar-Ardteist, 60 marc**)

48 Sráid Eoin,
An Muileann gCearr,
Contae na hIarmhí.

16ú Eanáir 2007.

A Mháire, a chara,

Dia duit. Cén chaoi a bhfuil tú ar chor ar bith? Tá súil agam go bhfuil tú féin agus do mhuintir i mbarr na sláinte. Bhí áthas an domhain orm do litir a fháil cúpla lá ó shin. Bhí sé ar intinn agam litir a scríobh chugat níos luaithe ach bhí mé ar saoire i dteach m'uncail i gCeatharlach agus **bhí sé dochreidte. Ní dhéanfaidh mé dearmad ar an saoire sin go deo na ndeor.** D'éirigh **thar barr** liom. Tá siopa ag m'uncail agus bhí post samhraidh agam leis. Bhí mo phost samhraidh **ar fheabhas** agus bhí an obair **ceart go leor. Pé scéal é** bhí mé ag glanadh na seilfeanna agus ag scuabadh na n-urlár agus fuair mé ocht euro in aghaidh na huaire.

Creid é nó ná creid ní raibh an obair ró-dhian, **buíochas le Dia**. Dála an scéil ní raibh mé ag obair gach aon lá nuair a bhí mé ar saoire. **Tá mé craiceáilte faoin** snámh agus **ní bréag ar bith a rá** go raibh mé ag snámh beagnach gach lá. **Níl a fhios agam ó thalamh an domhain cad a dhéanfainn** gan an linn snámha. **Chomh maith leis sin** chuaigh mé go dtí an phictiúrlann go minic.

Bhuel, a Mháire, tá súil agam go bhfuil chuile rud ceart go leor i Sligeach. Níl a thuilleadh le rá agam i láthair na huaire. Scríobh ar ais chugam gan mórán moille le do thoil. Abair le gach éinne go raibh mé ag cur a dtuairisce.

Slán tamall.
Do chara go deo,
Áine

Gluais

Ar fheabhas – excellent

Ceart go leor – fine

Ocht euro in aghaidh na huaire – €8 an hour

Gach aon lá – every single day

Thar barr – excellent

Gach uile lá – every single day

Worked Example — Exam Question 3

Litir: Sampla 3 (Litir Phearsanta)

(i) Fuair tú bronntanas iontach ó do thuismitheoirí ar do lá breithe. Scríobh **an litir** (leathleathanach nó mar sin) a chuirfeá chuig cara leat faoi sin. (**Iar-Ardteist 60 marc**)

Ard na Gréine,
Dún Doire,
Contae na Mí.

9ú Feabhra, 2007.

A Liam, a chara,

Beatha agus sláinte. Cén chaoi a bhfuil tú ar chor ar bith? Tá súil agam go bhfuil tú féin agus do mhuintir i mbarr na sláinte. Bhí áthas an domhain orm do litir a fháil cúpla lá ó shin. Bhí sé ar intinn agam litir a scríobh chugat níos luaithe ach is oth liom a rá go raibh mé ag obair ró-dhian don scrúdú.

Pé scéal é bhí mo bhreithlá ann cúpla lá ó shin agus **creid é nó ná creid** fuair mé bronntanas iontach ó mo thuismitheoirí ar mo lá breithe. Thug siad gluaisrothar nua dom. **Bhí ionadh an domhain orm** mar **ní raibh aon choinne agam lena leithéid. Ní dhéanfaidh mé dearmad ar an lá sin go deo na ndeor.** Ní raibh cíos, cás ná cathú orm agus mé ag tiomáint síos an **N3** ar mo Honda nua. **Bhí mé ar ballchrith le heagla** ar dtús ach **diaidh ar ndiaidh** fuair mé taithí ar an rothar agus **go gairid ina dhiaidh sin** bhí mé **ar mhuin na muice, buíochas le Dia.**

Bhuel, a Liam, níl a thuilleadh le rá agam i láthair na huaire. Tá súil agam go bhfuil chuile rud ceart go leor agat féin. Mar a dúirt mé cheana bhí mo bhronntanas ar fheabhas. **Bhí sé dochreidte. Beidh mé ag súil le litir uait ar ball beag.** Abair le do thuismitheoirí **go raibh mé ag cur a dtuairisce, le do thoil.**

Slán go fóill.
Mise, do chara go deo,
Lúc

Gluais

Gluaisrothar – motorbike
Ag tiomáint – driving
Taithí – experience

Worked Example — Exam Question 4

Litir: Sampla 4 (Litir Fhoirmiúil)

(ii)   Bhí alt sa nuachtán *Foinse* a dúirt nach bhfuil sé ceart go mbeadh daltaí Ardteistiméireachta ag obair gach tráthnóna tar éis na scoile agus ag an deireadh seachtaine. Scríobh **an litir** (leathleathanach nó mar sin) a chuirfeá chuig eagarthóir an nuachtáin sin. **(Iar-Ardteist, 60 marc)**

Sráid Áine,
Béal Easa,
Contae Mhaigh Eo.

l6ú Eanáir, 2007.

A Eagarthóir, a chara,

Dia duit. Beatha agus sláinte. Táim ag scríobh an litir seo chugat i dtaobh alt a léigh mé sa nuachtán, *Foinse*. **Ar an gcéad dul síos bhí áthas an domhain orm** an t-alt a léamh. Dúirt an scríbhneoir nach bhfuil sé ceart go mbeadh daltaí na hArdteistiméireachta ag obair tar éis am scoile agus ag an deireadh seachtaine. Aontaím **go huile agus go hiomlán** leis an scríbhneoir agus **tá brón orm nár scríobh mé níos luaithe. Níl a fhios agam ó thalamh an domhain** cén chaoi is féidir le daltaí an sórt obair sin a dhéanamh. **Go deimhin tá a fhios ag an saol** go bhfuil an iomarca ceachtanna agus obair bhaile ag daltaí **sa lá atá inniu** gan a bheith ag smaoineamh faoi bhrú breise.

Táim ag ceapadh nach bhfuil sé **ceart, cóir ná cothrom** go ligtear dóibh an obair seo a dhéanamh. **Tá sé dochreidte. Níl a fhios agam ar chor ar bith** cén fáth go dtugann a dtuismitheoirí cead dóibh an brú sin a chur orthu féin. **Is beag é mo mheas orthu.**

Níl a thuilleadh le rá agam i láthair na huaire. Beidh mé ag súil le mo litir a fheiceáil i do pháipéar láithreach. **Mar a dúirt mé cheana níl barúil dá laghad agam cén** fáth go ligtear dóibh an obair seo a dhéanamh. Creidim go mba chóir deireadh a chur leis.

Is mise,
Le meas,
Cathal Óg Ó Conaire

Gluais

I dtaobh – about

Alt – article

Aontaím go huile agus go hiomlán – I agree completely

An iomarca – too much

Brú – pressure

Go ligtear dóibh – that they're allowed

Láithreach – immediately

Worked Example — Exam Question 5

Litir: Sampla 5 (Litir Fhoirmiúil)

(i) Níl tú sásta leis na cláracha atá ar TG4 (Teilifís na Gaeilge) do dhaoine óga. Scríobh **an litir** (leathleathanach nó mar sin) a chuirfeá chuig Ceannasaí TG4 faoi sin. (**Iar-Ardteist, 60 marc**)

Tóin an Bhaile,
Contae Liatroma.

9ú Feabhra, 2007.

A Cheannasaí, a chara,

Beatha agus sláinte. Bím ag féachaint ar TG4 chuile sheachtain ach nílim sásta ar chor ar bith leis na cláracha atá agaibh do dhaoine óga. **Níl a fhios agam ó thalamh an domhain** cén fáth nach bhfuil cláracha níos fearr agaibh dúinn. **Bhí sé ar intinn agam litir a scríobh chugat níos luaithe** ach bhí mé ag staidéar **go dian dícheallach** le haghaidh na scrúduithe.

Táim ag ceapadh nach bhfuil sé ceart, cóir ná cothrom nach bhfuil na cláracha níos fearr. **Ní bréag ar bith a rá** go mbíonn go **leor leor** ráiméise ar TG4. **Níl barúil dá laghad agam** cén fáth a mbíonn 'Ros na Rún' ar siúl agaibh. **Is fuath liom** é agus **creid é nó ná creid is gráin le** mo chairde é chomh maith. **Is cuma sa diabhal liom** faoi chláracha mar sin agus **táim ar nós cuma liom faoi** na cláracha eile atá agaibh.

Is beag é mo mheas ar TG4 agus **tá a fhios ag an saol** nach bhfuil na cláracha do dhaoine óga sásúil. **Níl a thuillleadh le rá agam i láthair na huaire** ach beidh mé ag súil le feabhas mór **sa todhchaí** nó **ní bheidh duine ná deoraí** ag féachaint ar TG4, **go mór mór** daoine óga.

Slán go fóill,
Is mise,
Le meas,
Antoine Ó Muirí

Gluais

Chuile sheachtain – every week
Go dian dícheallach – very hard

Ceart, cóir ná cothrom – it's not right, proper or fair

Ráiméis – rubbish (talk)

Sásúil – acceptable

Feabhas – improvement

Ní bheidh duine ná deoraí – there won't be anybody

Obair Duit Féin

We include here a number of **litreacha** all from past exam papers. You should practise writing as many of them as you can. As can be seen from the **five sample litreacha** on previous pages, you can use nearly the **same vocabulary** for nearly any **Litir** that might come up. This is especially true of the **litir chuig cara leat**. So make sure to **learn by heart** and **practise using this vocabulary**. It will really **pay off for you**.

1 (ii) Thug d'uncail (nó d'aintín) post samhraidh duit. Ní maith leat an post sin. Scríobh **an litir** (leathleathanach nó mar sin) a chuirfeá chuig d'uncail (nó d'aintín) ag insint dó/di cén fáth a bhfuil tú chun éirí as an bpost sin.
   (Iar-Artdteist, 60 marc)

2 (ii) Tá plean agatsa chun cabhrú leis na daoine bochta san Afganastáin. Ba mhaith leat cabhair a fháil ó na daltaí atá sa scoil leat. Scríobh **an litir** (leathleathanach nó mar sin) a chuirfeá chuig cara leat faoi sin.
   (Iar-Ardteist, 60 marc)

3 (i) Tá post samhraidh agat. Is maith leat an obair agus an áit ina bhfuil tú ag obair. Scríobh **an litir** (leathleathanach nó mar sin) a chuirfeá chuig cara leat faoi sin.
   (Iar-Ardteist, 60 marc)

4 (i) Bhí tú ag imirt ar fhoireann le déanaí. Scríobh **an litir** (leathleathanach nó mar sin) a chuirfeá chuig cara leat faoi sin.
   (Iar-Ardteist, 60 marc)

5 (ii) Ba mhaith leat do thuairim a thabhairt ar scrúduithe. Scríobh **an litir** (leathleathanach nó mar sin) a chuirfeá chuig eagarthóir nuachtáin faoi sin.
   (Iar-Ardteist, 60 marc)

6. (i) Ghortaigh tú do chos agus ní féidir leat cuairt a thabhairt an samhradh seo ar chara leat atá sa Fhrainc. Scríobh **an litir** (leathleathanach nó mar sin) a chuirfeá chuig an gcara sin.

    (Iar-Ardteist, 60 marc)

7. (ii) Léigh tú litir sa nuachtán *Foinse* a dúirt nach bhfuil suim ag Éireannaigh óga i gcultúr na hÉireann. Scríobh **an litir** (leathleathanach nó mar sin) a chuirfeá chuig eagarthóir an nuachtáin sin.

    (Iar-Ardteist, 60 marc)

Gnáthleibhéal Amháin
Comhrá a Scríobh — (Conversation)

D **Comhrá a Scríobh (Conversation)**

Am: 50 nóiméad

Marcanna: 60 marc

Fad: leathanach nó mar sin (150-160 focal)

WHAT DO I NEED TO DO?

- Write a comhrá (conversation) of about **half a page** based on a choice of **two given subjects**.
- Your comhrá should be written **in direct speech**.
- Your comhrá should have two people talking to each other.
- Your comhrá should contain the **keywords** that are mentioned in the **text of the question**.
- You should have a suitable **tús, croí** (heart) and **críoch**.

HOW DO I DO IT?

- You should scan the question and **pick out the keywords**.
- You should **then base your** comhrá around the **keywords** that you understand.

ESSENTIAL SKILLS

- Learn a suitable **start** and **end**.
- Be able to use good simple Irish with plenty of **nathanna cainte** (pages 4-6), your vocabulary (pages 21-23) and your special comhrá vocabulary, on the pages that follow.
- See **pages 3-6 obair gharbh**.

DO NOT DO THIS

- **Do not** write a story – it must be a conversation.
- **Do not** write long complicated sentences as they cost marks.
- **Do not** forget to write in direct speech.

Analysis of Recent Comhrá Exam Questions

(i)   A **comhrá** between you and your brother/sister about cleanliness.

(ii)   A **comhrá** (argument) between you and your father/mother about you going to the Olympic Games with your friends.

(iii)   A **comhrá** about TG4 with your friend.

(iv)   A **comhrá** (argument) with your father/mother about you going on holiday with your friends.

(v)   A **comhrá** with your friend about a new nightclub.

(vi)   A **comhrá** (argument) with your father/mother about going abroad to the soccer World Cup.

(vii)   A comhrá (argument) with your mother/father about you going to a disco.

(viii) A **comhrá** with a friend who is on drugs.

(ix)   A **comhrá** (argument) with your father/mother about TV programmes.

Additional Guidelines

- As can be seen from the above analysis there is nearly aways one **comhrá** every year between you and a friend, about a given topic.

- There is also nearly always one **comhrá** every year that involves an **argumentative discussion** between you and another person, **usually a parent**. Of course you should **learn and practise using expressions** and **one-liners** that would suit this situation.

- The above analysis also shows that **travel (holidays)** and **pastimes** are by far the most popular topics.

- The importance of **saibhreas** (richness of Irish) and being able to use your **nathanna cainte** (pages 4–6), **special scéal vocabulary** (pages 21–23), and the **comhrá vocabulary** that follows these guidelines, cannot be over-emphasised.

- Incidentally, **very few students** choose **to do the comhrá** in the Leaving Cert. exam, which is a good reason for you to consider doing it.

Nathanna Úsáideacha Don Comhrá

Tús

Greetings:

Go mbeannaí Dia duit

Dia duit ⎫

Dia's Muire duit ⎬ *different ways of saying 'Hello'*

Cén chaoi a bhfuil tú ar chor ar bith? – how are you at all?

Answers:

Muise, ní gearánta dom – indeed I can't complain

Muise, go deimhin, táim ceart go leor, buíochas le Dia, agus conas atá tú féin? – I'm fine, thank God, and how are you?

Muise, nílim ach go measartha – indeed I'm only middling

Croí

(The heart, main part of the comhrá)

Beannachtaí – blessings

Intriachtaí – interjections

Argóintí – arguments

Bhuel

Muise – indeed

Go deimhin – indeed

Ó, a thiarcais – Oh my God

A phleidhce – you eejit

I ndáiríre – really, seriously

Éist – listen

Féach – look

Seachain tú féin anois, a mhac/a chailín – watch yourself now boy/girl

Chun an fhírinne a rá – to tell the truth

Tá brón orm – I'm sorry

Níl sé sin féaráilte – that's not fair

Níl sé sin ceart, cóir ná cothrom – that's not right or fair

Táim bréan de – I'm sick of it

Is cuma sa diabhal liom – I couldn't give a damn

Ní aontaím leat ar chor ar bith – I don't agree with you at all

Cad atá uait, in ainm Dé? – what do you want, in the name of God?

In ainm Dé cad atá i gceist agat? – what in the name of God do you mean?

Éist do bhéal nó brisfidh mé do phus – shut your mouth or I'll break your puss

Níl tuairim dá laghad agam – I haven't an opinion (clue)

Ní chreidim é sin ar chor ar bith – I don't believe that at all

Dar m'fhocal – 'pon my word

Maith thú – good on you

Mo ghraidhin go deo thú – good on you

Giving Your Opinion:

Táim ag ceapadh gur maith an smaoineamh é – I think it's a good idea

Is dóigh liom gur mór an scannal é – I think it's a great scandal

Táim siúrálta nach bhfuil an ceart agat – I'm sure you're not right

Creidim nach fiú faic é – I don't believe it's worth anything

Táim ag ceapadh gur praiseach cheart é – I think it's a real mess/disaster

Táim ag ceapadh nach dtuigeann tú cúrsaí ceoil – I think you don't understand music

Cúrsaí faisin (fashion), **spóirt** (sport), **óige** (youth), **cúrsaí teilifíse** (television), **scoile** (school), **ar chor ar bith** (at all) etc.

Argóintí agus Airgead:

As many **comhrás** involve discussions (arguments) about **money,** we include here some **nathanna úsáideacha** to cover the vocabulary required.

Cé mhéad a chosain sé sin? – how much did that cost?

Bhí sé an-saor ar fad – it was very cheap altogether

Is cur amú airgid é sin – that's a waste of money

Tá an iomarca airgid i gceist – there's too much money involved

Níl leathphingin rua fágtha agam – I haven't a halfpenny left

Críoch

Níl sé sin sásúil – that's not satisfactory

Nílim chun cur suas leis sin a thuilleadh – I'm not going to put up with that anymore

Ort féin an locht – it's your own fault

Bhí dul amú orm – I was mistaken

Sean-leithscéal é sin – that's an old excuse

Ná tóg orm é – don't blame mé for it, don't take it out on me

Is maith an scéalaí an aimsir – time will tell

Dúradh liom gan a bheith déanach – I was told not to be late

Caithfidh mé imeacht anois – I have to go now

Beannacht Dé leat – God be with you

Go dté tú slán – may you go safely

Go n-éirí an bóthar leat – have a safe (good) journey

Slán agat – said to the person remaining behind

Slán leat – said to the person who is leaving

Comhrá a Scríobh — Worked Examples

Worked Example — Exam Question 1

This **sample comhrá** and those that follow have a number of **nathanna cainte** (pages 1–6), phrases (pages 21–23) and **nathanna úsáideacha don chomhrá** (pages 42–44), all marked **in bold**. **You should note carefully** how they are used, and practise using them yourself in all of your **classwork, homework** and **examinations**. You will very quickly see a **marked improvement** in your writing of **comhrás**.

Comhrá: Sampla 1

(i) Ba mhaith leat dul ar saoire le do chairde tar éis na hArdteistiméireachta ach níl do mháthair (nó d'athair) sásta cead a thabhairt duit imeacht. Scríobh **an comhrá** (leathleathanach nó mar sin) a bheadh eadraibh. (**Iar-Ardteist, 60 marc**)

Mise: Go mbeannaí Dia duit, a Dhaid, **cén chaoi a bhfuil tú?**

D'athair: Dia's Muire duit, a Sheáin, **ní gearánta dom,** agus **conas atá tú féin ar chor ar bith?**

Mise: Muise, go deimhin, nílim ach measartha. Creid é nó ná creid táim tuirseach, traochta tar éis an scrúdú. **Dála an scéil** tá mo chairde ag dul ar saoire go dtí Gran Canaria agus **b'aoibhinn liom dul in éineacht leo.**

D'athair: Bhuel, go sábhála Dia muid. Ní aontaím leat ar chor ar bith. Tá sé seafóideach.

Mise: Ó, a thiarcais, an bhfuil tú i ndáiríre. Níl sé sin ceart, cóir ná cothrom. **Pé scéal é ní bréag ar bith a rá** go bhfuil na buachaillí eile go léir ag dul ann.

D'athair: In ainm Dé cad atá i gceist agat? Is cuma sa diabhal liom faoi dhuine ar bith eile.

Mise: Níl sé sin féaráilte, ar chor ar bith. Níl barúil dá laghad agam cad a dhéanfaidh mé anois. **Táim bréan díot.**

D'athair: Ná tóg orm é. Sean-leithscéal é sin agat.

Mise: Táim ar nós cuma liom faoi na buachaillí eile ach **chun an fhírinne a rá** táim ar buile leatsa.

D'athair: Éist do bhéal anois nó **déarfainn** go mbeidh tú i bponc.

Mise: Bhuel, slán agat, a Dhaid. Caithfidh mé imeacht anois. Dúradh liom gan a bheith déanach. Ar aon nós táim ag dul go Budget Travel chun mo thicéad a fháil.

D'athair: Go dté tú slán, a Sheáin. Tá brón orm go bhfuil tú ag imeacht. Má théann tú go Gran Canaria, is féidir leat fanacht ansin.

Gluais

Seafóideach – daft
Táim bréan díot – I'm fed-up with you
Ar buile – raging
I bponc – in trouble

Worked Example — Exam Question 2

Comhrá: Sampla 2

(i) Is maith leatsa do sheomra a bheith glan neata. Ach bíonn leabhair, páipéir agus éadaí caite i gcónaí ar an urlár ag do dheartháir (*nó* do dheirfiúr). Scríobh **an comhrá** (leathleathanach nó mar sin) a bheadh eadraibh. (**Iar-Ardteist, 60 marc**)

Cathal (do dhearthair): **Dia duit, a Liam. Cén chaoi a bhfuil tú ar chor ar bith?**

Mise: Muise, nílim ach measartha. Ní raibh cíos, cás ná cathú orm go dtí go bhfaca mé mo sheomra.

Cathal: Níl barúil dá laghad agam cad atá tú a rá. **In ainm Dé cad atá i gceist agat?**

Mise: Cad atá i gceist agam; **Ó, a thiarcais** an bhfuil tú as do mheabhair? **Féach**; tá leabhair, páipéir agus éadaí caite ar an urlár agus **táim bréan de.**

Cathal: Níl sé sin ceart, cóir ná cothrom agus **ní aontaím leat ar chor ar bith.**

Mise: Seachain tú féin anois, a mhac. Tá tú seafóideach. Ní bhíonn éinne eile sa seomra ach amháin tú féin agus mise agus is ortsa atá an locht.

Cathal: A phleidhce, níl a fhios agam ó thalamh an domhain cad atá i gceist agat.

Mise: Éist do bhéal nó brisfidh mé do phus. Sean-leithscéal é sin atá agat. **Ní bréag ar bith a rá go bhfuil tú dochreidte.**

Cathal: Níl sé sin féaráilte. Chun an fhírinne a rá tá tusa dochreidte. Is cuma sa diabhal liom fút féin agus faoi do sheomra lofa.

Mise: Tá a fhios ag an saol gur ortsa atá an locht. **Is beag é mo mheas** ort.

Cathal: Is fuath liom tusa chomh maith. **Caithfidh mé imeacht anois. Slán agat.**

Gluais

Go dtí go bhfaca mé – until I saw
As do mheabhair – out of your mind
Seafóideach – daft
Sean-leithscéal – old excuse
Lofa – rotten

Worked Example — Exam Question 3

Comhrá: Sampla 3

(i) Tá club óige nua i do cheantar. Bhí tú féin ann aréir ach ní raibh do chara ann fós. Scríobh **an comhrá** (leathleathanach nó mar sin) a bheadh eadraibh. **(Iar-Ardteist, 60 marc)**

Mise: Go mbeannaí Dia duit, a Chaitlín. **Cén chaoi a bhfuil tú ar chor ar bith?**

Do chara (Caitlín): Muise, go deimhin, táim ceart go leor, buíochas le Dia, agus **conas atá tú féin?**

Mise: Muise, ní gearánta dom. Éist nóiméad. Tá club nua sa cheantar agus bhí mé féin ann aréir.

Do chara: Bhuel go sábhála Dia muid, níor chuala mé tada faoi go fóill.

Mise: Ní bréag ar bith a rá go bhfuil sé ar fheabhas. **Táim craiceáilte faoi.**

Do chara: Cén fáth a bhfuil tú **craiceáilte faoi?**

Mise: Bhuel, tá sé dochreidte. Ar an gcéad dul síos tá **go leor leor** áiseanna sa chlub agus **chomh maith leis sin** tá an bainisteoir go hálainn. Liam is ainm dó.

Do chara: Táim ag ceapadh go bhfuil tú i ngrá arís.

Mise: A phleidhce, an bhfuil tú **i ndáiríre.** Ná bí ag magadh fúm. **Dála an scéil,** is aoibhinn liom **na háiseanna.** Nílim i ngrá le Liam, **ar chor ar bith.** Táimid muinteartha le chéile.

Do chara: Is cuma sa diabhal liom faoi Liam. Cad mar gheall ar na háiseanna?

Mise: Muise, go deimhin, tá an t-uafás áiseanna sa chlub, **cuir i gcás,** leadóg bhoird, eitpheil agus cispheil. **Is breá liom** an leadóg bhoird.

Do chara: Déarfainn go bhfuil sé thar barr. Rachaidh mé leat an chéad oíche eile.

Mise: Muise, go deimhin, beidh **fáilte agus fiche romhat.**

Gluais

Ar fheabhas – excellent

Tada – nothing

Áiseanna – facilities

Bainisteoir – manager

Ag magadh – mocking

Táimid muinteartha le chéile – we're friends

An t-uafás – an awful lot

Eitpheil – volleyball
Thar barr – excellent
Fáilte agus fiche – a great welcome

Worked Example — Exam Question 4

Comhrá: Sampla 4

(i)   Tá suim mhór agat sa spórt ach níl suim ar bith ag cara leat ann. Scríobh **an comhrá** (leathleathanach nó mar sin) a bheadh eadraibh. **(Iar-Ardteist, 60 marc)**

Mise: Go mbeannaí Dia duit, a Phóilín. **Cén chaoi a bhfuil tú ar chor ar bith?**

Póilín: Muise, go deimhin, ní gearánta dom. Cén chaoi a bhfuil tú féin?

Mise: Táim ceart go leor, buíochas le Dia. **Dála an scéil,** beidh mé ag imirt le foireann na scoile amárach. **I ndáiríre táim craiceáilte faoi chúrsaí spóirt.**

Póilín: Ní bréag ar bith a rá nach bhfuil suim mhór agam sa spórt, ach **pé scéal é b'aoibhinn liom** peil a imirt ar fhoireann na scoile.

Mise: Bhuel, fair play dhuit, a chailín, **tá a fhios ag an saol** go bhfuil foireann láidir againn i mbliana, ach **creid é nó ná creid** níl cúlbáire ar bith againn.

Póilín: Ó, a thiarcais, an bhfuil tú **as do mheabhair? Creidim nach fiú faic** mé mar chúlbáire.

Mise: Níl a fhios agam ó thalamh an domhain, cén fáth a gceapann tú é sin. **Ní aontaím leat ar chor ar bith.** Beidh tú ar fheabhas mar chúlbáire. **Táim ag ceapadh** nach mbeidh seans ag Cora Staunton agus Niamh Fahy is a leithéidí i mbliana.

Póilín: Bhuel is maith an scéalaí an aimsir. Caithfidh mé imeacht anois. **Dúradh liom gan a bheith déanach.** Táim ag dul ag traenáil. **Slán agat.**

Mise: Beannacht Dé leat, a Phóilín. **Go dté tú slán.** Beidh tú ar na hAllstars **ar ball beag.**

Gluais

I mbliana – this year
Cúlbáire – goalkeeper
As do mheabhair – out of your mind
Ar fheabhas – excellent
Agus a leithéidí – and the likes
Ag traenáil – training

Worked Example — Exam Question 5

Comhrá: Sampla 5

(i)   Is breá leat féin popcheol ach tá cara leat nach n-éisteann leis ar chor ar bith. Scríobh **an comhrá** (leathleathanach nó mar sin) a bheadh eadraibh. (**Iar-Ardteist, 60 marc**)

Mise: Go mbeannaí Dia duit, a Chríostóir. Cén chaoi a bhfuil tú ar chor ar bith?

Críostóir: Muise, Dia's Muire duit,a Sheáin. **Níl cíos, cás ná cathú orm.** Cén chaoi a bhfuil tú féin **in ainm Dé?**

Mise: Ní gearánta dom. Dála an scéil, táim ag fáil ticéidí do na Red Hot Chilli Peppers. Beidh sé **dochreidte. Tá mé craiceáilte faoi** na Red Hot Chilli Peppers.

Críostóir: Is cuma sa diabhal liom faoi Na Chillis. **Is gráin liom** popcheol ach **is aoibhinn liom** ceol tíre. **Táim ag ceapadh** go bhfuil Mick Flavin agus Declan Nerney ar fheabhas.

Mise: Ó, go sábhála Dia muid! An bhfuil tú **i ndáiríre? Creid é nó ná creid is gráin liom** ceol tíre agus **is fuath liom** Garth Brooks agus **go mór mór is fuath liom Daniel O'Donnell** agus a leithéidí.

Críostóir: Bhuel, chun an fhírinne a rá is gráin liomsa Daniel O'Donnell chomh maith. **Táim ag ceapadh** go bhfuil sé go huafásach. **Níl a fhios agam ó thalamh an domhain** cén fáth a n-éisteann éinne leis. **Pé scéal é** rachaidh mé chuig na Red Hot Chilli Peppers leat.

Mise: Ó, a thiarcais, tá sé sin **dochreidte.** Seo ticéad duit.

Críostóir: Ní bréag ar bith a rá go bhfuil **áthas an domhain orm.**

Gluais

In ainm Dé – in the name of God

Ceol tíre – country music

Agus a leithéidí – and his likes

Obair Duit Féin

Iar-Ardteist Go Léir

1   Ba mhaith leat dul chuig na Cluichí Oilimpeacha sa Ghréig le do chairde an samhradh seo ach níl d'athair (nó do mháthair) sásta cead a thabhairt duit dul ann. Scríobh **an comhrá** (leathleathanach nó mar sin) a bheadh eadraibh. (**60 marc**)

2 Is maith leatsa na cláir theilifíse ar TG4 ach ní fhéachann do chara ar TG4 in aon chor. Scríobh **an comhrá** (leathleathanach nó mar sin) a bheadh eadraibh. **(60 marc)**

3 Ba mhaith leat dul go dtí an tSeapáin (chun Corn an Domhain sa Sacar a fheiceáil, b'fheidir) nó chuig tír éigin eile ach níl d'athair (nó do mháthair) sásta cead a thabhairt duit dul ann. Scríobh **an comhrá** (leathleathanach nó mar sin) a bheadh eadraibh. **(60 marc)**

4 Ba mhaith leat dul chuig dioscó ach níl do mháthair (nó d'athair) sásta cead a thabhairt duit dul ann. Scríobh **an comhrá** a bheadh eadraibh. **(60 marc)**

5 Chuala tú go bhfuil cara leat ag tógáil drugaí. Ní maith leatsa é sin a chloisteáil. Scríobh **an comhrá** (leathleathanach nó mar sin) a bheadh eadraibh. **(60 marc)**

6 Ba mhaith le d'athair (nó do mháthair) féachaint ar chlár spóirt ar RTE ach b'fhearr leatsa féachaint ar chlár grinn atá ar RTE2. Scríobh **an comhrá** (leathleathanach nó mar sin) a bheadh eadraibh. **(60 marc)**

7 Ba mhaith le cara leat bheith ina m(h)úinteoir, ach níor mhaith leatsa an post sin. Scríobh **an comhrá** (leathleathanach nó mar sin) a bheadh eadraibh. **(60 marc)**

8 Tá d'athair (nó do mháthair) ag caint faoin méid ama a chaitheann tú ag féachaint ar an teilifís. Scríobh **an comhrá** (leathleathanach nó mar sin) a bheadh eadraibh. **(60 marc)**

9 Tá tú ag caint le Garda Síochána faoin saol atá aige (aici). Scríobh **an comhrá** (leathleathanach nó mar sin) a bheadh eadraibh. **(60 marc)**

PÁIPÉAR 1
ARDLEIBHÉAL

Ceapadóireacht
Layout and Marking Scheme

A   Aiste

There are always **three choices** in the **aiste** composition, frequently in the **present tense**.

B   Scéal

There is always a choice between **two scéalta** always in the **past tense**.

C   Alt Nuachtáin/Irise

There is always a choice between an **alt nuachtáin** (newspaper article) and an **alt Irise** (magazine article) and they can be in **any tense**.

D   Díospóireacht/Óráid

There is always a choice between a **díospóireacht** (debate) an an **óráid** (speech). They can be in **any tense.**

Marking Scheme

(a) **Ionramháil an ábhair** (content) – **20 marc**

(b) **Cumas Gaeilge** (capability and richness of Irish) – **80 marc**

Capability means how **capable** you are at writing in Irish. How **correctly** you write in Irish. **Saibhreas** (richness) is something examiners always look out for. **Saibhreas** is really the **X Factor** of the **Irish exam.**

Suggested Time Management

Total time allowed for Páipéar I is **2hr 50 mins.** I would suggest that the average **time spent** on **ceapadóireacht** should be approx. <u>80 mins.</u>

WHAT DO I NEED TO DO?

- Write **a composition** of about **500-600 words** in length.
- Be sure to write in the correct tense.
- Make sure that you **stick to the subject**.

HOW DO I DO IT?

- Pick a title/composition that you understand.
- Write that composition in the correct tense.
- Try to use the **Modh Coinníollach** a few times as it does impress the examiners.
- Make full use of your **treasure chest** of expressions.
- Ask yourself 'Could I write 500-600 words about this composition'? *and* 'Do I know enough good expressions (**nathanna úsáideacha**) to make an excellent impression on the examiners?
- Always remember that 80% of the marks are for the quality and standard of your Irish.

ESSENTIAL SKILLS

- Prepare for a few different topics and learn a few useful phrases for each topic.
- Learn and practise using your **nathanna cainte** (pages 4-6).
- Learn and practise using the **obair gharbh** method (pages 3-6) as it is a well-proven way of writing compositions for all different levels.

DO NOT DO THIS

- **Do not** write too much, between 500-600 words is enough.
- **Do not** forget to check your verbs to make sure you're in the correct tense.
- **Do not** stray from the point of the composition.
- **Do not** forget to check for errors after you've finished.

Examiners — What Do They Want From You?

The correction of examimations is **closely monitored** and **highly regulated**. Contrary to popular opinion examiners **are not Scrooge-like characters** whose main ambition it is to **reduce grades** whenever and wherever possible. In fact, nothing could be **further from the truth**. So, what is it that **examiners really want** and **expect** from candidates?

Examiners Want

- **To award marks.** Remember that examiners are **nearly always** teachers who would be **sympathetic towards students**. Your own **Irish teacher** may well be, or have been, an **examiner**. Examiners are not just **waiting** with **red pens, dying to deduct marks**.
- Your **writing** and **presentation** to be **legible**. Examiners are **paid a set fee per script** and don't want to have **to spend too much time** trying to **decipher poor writing and presentation**.
- You to answer the **question** that **has been asked**.
- The **required number of questions** as well as **all their parts** to be answered.
- **Good, simple, direct Irish** without too many **long, complicated sentences**.

Examiners Don't Want

- To **take away marks**.
- **Poor writing and presentation**.
- **Waffling** and **bluffing** and they **don't want you** to **write down every single thing** that you **know about a topic**.
- **Too many questions answered**, as this can **lose marks for candidates**.
- **Long, boring, over-elaborate sentences**.

Guidelines for the Ceapadóireacht
Fail To Prepare – Prepare To Fail

- **Note that you have** <u>one composition</u> to write from a choice of <u>nine</u>.
- When choosing which composition to write be **certain that you have sufficient vocabulary, nathanna cainte, set-pieces and phrases learned off** to adequately **cover the composition** you have **chosen**. You must **avoid running out of ideas and vocabulary**.

- **Practise planning your compositions.** Ask yourself the following questions: **Who, What, Where, When, Why and How?**

- Do remember that **80% of the marks** are for the **standard, correctness** and **richness** of your **Irish. Only 20%** are for the **content of your composition.**

- As previously stated, you should **avoid writing long, complicated** sentences. These can **cost marks.**

- Take **extra-special care** with your **tenses, spellings, fadas** and **punctuation** and continually ask yourself, **Is this the correct tense? Is this the right spelling? Should I put a fada here? Does this need a full stop, a comma or a capital letter?**

- Ensure that you have **enough time** to **read over your composition** and **correct your work where neccessary.** You will be amazed **how many marks** you can **save by doing this.**

- Build up your own **treasure chest** of **rich phrases** that show off the saibhreas (richness) of your **Irish.**

- **Study** and **take on board 'What to do Next', 'Obair Gharbh'** (pages 3-6) and **'Giota Leanúnach Samplach'** (pages 6-7) in the **Ordinary Level** section of this book, as this is a very effective way of doing **Higher Level** compositions also.

Is the Essay Your Only Option?

If your answer to the **above question** is **'yes'** then I believe that you are selling yourself **very short indeed.** The majority of students sitting the Leaving Cert Higher Level every year **don't consider anything except the 'aiste'** or **essay compositions.** As we have already pointed out, there are actually nine choices available in the **composition questions:**

A – Three aistí

B – Two scéals

C – An alt nuachtáin

D – Two díospóireachtaí/óráidí

As stated above, the majority of students will only **prepare** for the **aiste composition.** They will probably prepare for a **number of topics,** for example, **coiriúlacht** (crime) and perhaps truailliú na timpeallachta (pollution of the environment). **But what** happens if the <u>topics</u> they have prepared don't come up in the <u>three aistí</u> that are on the exam paper? Most students would feel that they were in great trouble if this happened. Here is a <u>solution</u> that should suit everybody.

How to Write Your Essay from a Choice of Seven

Yes, you can actually **increase** your **choice** to <u>one out of seven</u> by regarding **Part C (Alt Nuachtáin/Irise)** and **Part D (Díospóireacht/Óráid)** as **additional essay options.**

If, for example, the **coiriúlacht topic** were to come up in the **Alt Nuachtáin/Irise section** you could start off your **alt** as follows:

Alt Nuachtáin/Irise:

A Eagarthóir, a chara,

Seo alt a scríobh mé faoin choiriúlacht . . . and you continue on as if you were writing an essay. This method has been tried and tested and it works perfectly.

And if, for example, the **'truailliú na timpeallachta'** topic were to come up in the 'díospóireacht/óráid' section, you could start off as follows:

<u>Díospóireacht</u>: **A chathaoirligh, a mholtóirí agus a chomhdhaltaí, is mise Liam Ó Mathúna agus táim chun labhairt ar son/i gcoinne an rúin seo faoi thruailliú na timpeallachta . . .** and you just continue on as if you were writing an essay, and say **'Go raibh míle maith agaibh'** at the end.

This has also been tried and tested and it works perfectly.

<u>Óráid</u>: **A phríomhoide (for example), a mhúinteoirí (for example) agus a chomhdhaltaí (for example),**

Is mise Liam Ó Mathúna agus tá áthas orm seans a fháil labhairt libh anocht faoi thruailliú na timpeallachta . . . and you continue on as if you were writing an essay, and say **'Go raibh míle maith agaibh'** at the end.

This has also been tried and tested and it also works a treat.

What About the Scéal Composition?

The **scéal composition** is one that is tried by very few students in the **Higher Level** exam. It is, however, an option that I would **highly recommend**. The **scéal composition** has the following **advantages**:

- It can be written fully in the **past tense**, which most students can cope with much better.

- **Set pieces, full paragraphs, and indeed nearly <u>full compositions</u> can be learned off** and used when writing a **scéal composition**.

- There is nearly always a **choice** between a **seanfhocal** (proverb) or **single word composition**, such as '**Díomá**' which was on the **2006 exam paper**.

- A **seanfhocal** (proverb) can be used **to prove just about anything**, therefore you **can write just about anything** when writing a **seanfhocal composition**. The very same is true when it comes to the **single word composition**.

- This, of course, gives a student great **freedom of interpretation** and **expression**. There will be a **full sample of a seanfhocal** and **single word composition** later on in this book (pages 76-77).

Nathanna Úsáideacha — Your 'Treasure Chest'

Higher Level students should learn off the **nathanna úsáideacha** on pages 4-6 and 56-58 of this book and **practise using them** using the **obair gharbh method** as **explained** on **page 3** and as **demonstrated** on **page 7**. This **method works equally well** for **Higher Level** as well as for **Ordinary Level**. Students should also **note** the **special vocabulary** (pages 21-22) as some of this can be **learned off and used to great effect in composition writing**. We include here also some **additional nathanna úsáideacha**, some of which should be **learned off** by **Higher Level students**.

Nathanna Úsáideacha

Seachtain 1

- **Go forleathan** – widespread, in lots of places
- **A chur i bhfeidhm** – to implement
- **Dul amú** – mistaken, to go astray

- **Formhór** – most (e.g. most people)
- **Dul i ngleic le, tabhairt faoi** – to set about something, try to do something about

Seachtain 2

- **Clú agus cáil** – great fame
- **Fáilte Uí Cheallaigh** – a great welcome
- **Cur amú ama** – waste of time
- **Iniúchadh** – to study sharply, carefully
- **Ag seanmóireacht** – preaching

Seachtain 3

- **Ar fud na cruinne** – all over the world, everywhere
- **Ag caitheamh anuas orainn** – complaining about us
- **Ardú meanman** – lifting one's spirits
- **De réir dealraimh** – apparently
- **Fuinneamh agus beocht na hóige** – the liveliness and energy of youth

Seachtain 4

- **Ba bheag nár thit mé as mo sheasamh** – I nearly collapsed
- **Is mór an trua** – it's a great pity
- **Goilleann sé orm** – it bugs me, bothers me
- **Ní thagann ciall roimh aois** – you can't put an old head on young shoulders
- **Ní hionann sin is a rá** – that's not to say

Seachtain 5

- **Cothrom na féinne** – fair play
- **Saol an lae inniu** – today's world
- **I gcoitinne** – in general
- **Ár seacht ndícheall** – our level best
- **Mo sheacht ndícheall** – my level best

Seachtain 6

- **le blianta beaga anuas** – for the last few years
- **An dallamullóg** – fooling, pulling the blinds over one's eyes
- **go mba chóir dúinn** – that we should
- **beag an baol** – little chance
- **réiteach na faidhbe** – solution to the problem

Ceapadóireacht Shamplach

This **Ceapadóireacht Shamplach** and those that follow contain a number of **nathanna úsáideacha** (pages 4-6 and 56-57) and **phrases** (pages 21-23), all **marked in bold.** You should note carefully how they are used, and **practise using them** yourself in all of your **classwork, homework** and **examinations.** You will very quickly see a **marked improvement** in your writing of all kinds of **ceapadóireachtaí.**

Worked Example — Exam Question 1
Ceapadóireacht Shamplach 1 (Aiste)

An Choiriúlacht: Fadhb Mhór na Linne Seo

Ar an gcéad dul síos táim ag ceapadh go bhfuil fadhb na coiriúlachta imithe ó smacht le blianta beaga anuas. **Creid é nó ná creid** bíonn an rialtas **ag seanmóireacht** agus **ag caitheamh anuas** ar na coirpigh ach **creidim** nach n-aontaíonn an rialtas leis an ráiteas thuas ar chor ar bith. **Pé scéal é** beimid ag breathnú ar roinnt de na cúiseanna agus **chomh maith leis sin** déanfaimid iarracht teacht ar réiteach na faidhbe san aiste seo.

I dtús báire ní bréag ar bith a rá go bhfuil drugaí mídhleathacha le fáil **go forleathan** i mbeagnach gach cathair agus baile in Éirinn. **Déarfainn** go bhfuil baint mhór idir na drugaí agus an choiriúlacht. Dúirt Coimisinéir an Gharda Síochána go bhfuil géarghá le beart a dhéanamh i gcoinne na gcoirpeach. Dúirt sé go gcaithfí **dul i ngleic leo** agus aontaím **go huile agus go hiomlán** leis.

Tá sé fíor-dheacair páipéar a léamh, éisteacht leis an raidió nó, **go deimhin**, féachaint ar an teilifís, **sa lá atá inniu ann**, gan tuairiscí ar choireanna éagsúla agus ar eachtraí foréigneacha a bheith ar bharr na nuachta. **Dála an scéil** tugtar 'galar na linne seo' ar na fadhbanna sóisialta seo agus **déarfainn** féin go bhfuil réiteach nua-aimseartha **práinneach** ag teastáil sula dtéann an scéal in olcas, más féidir sin.

Tá a fhios ag an saol go mbaineann an rialtas úsáid as staitisticí agus iad ag iarraidh an dallamullóg a chur ar an bpobal. Chun an fhírinne a insint táimse ar nós cuma liom faoi na camleithscéalta a bhíonn acu. Ba bheag nár thit mé as mo sheasamh nuair a chuala mé faoin obair a rinne Méara Juliano i Nua-Eabhrac. Táim ag ceapadh go mba chóir duine éigin ar nós Juliano a fháil. Chuirfí fáilte Uí Cheallaigh roimhe agus b'fhéidir go mbeadh réiteach na faidhbe aige.

Deirtear gurb é an córas eacnamaíochta ceann amháin de na cúiseanna, mar go ndéanann sé leatrom ar dhaoine áirithe, go mór mór ar dhaoine bochta. Goilleann sé orm aontú leo ach ag an am céanna is dóigh liom go bhfuil baint ag drugaí agus ag alcól leis an bhfadhb seo chomh maith. Mhol tuarascáil oifigiúil go mba chóir dúinn cúiseanna na bhfadhbanna a scrúdú, léirmheas a dhéanamh orthu agus cíoradh a dhéanamh ar na fadhbanna sóisialta éagsúla a chruthaíonn meon uafásach na fuarchúise ina measc siúd a mhaireann ar imeall na sochaí.

Ní bréag ar bith a rá go bhfuil cuid de choirpigh na hÉireann dainséarach agus dána, na laethanta seo. Is cuma sa diabhal leo mar creideann siad gur beag an baol go mbéarfar orthu. Is cuma sa diabhal leo faoi na Gardaí agus, de réir dealraimh, is cuma sa diabhal leo faoi na cúirteanna. 'Filleann an feall ar an bhfeallaire' a deir an seanfhocal, ach go bhfóire Dia orainn, níl eagla dá laghad ar na coirpigh. Pé scéal é, is é mo thuairim láidir, go bhfuil na dlíthe easnamhach agus go mba chóir do na Gardaí a bheith in ann na coirpigh a chur faoi ghlas ar ais nó ar éigean.

Mar a dúirt mé cheana is dóigh liom go bhfuil fadhb na coiriúlachta in Éirinn ag dul in olcas. Tá sé fíor-dheacair teacht ar réiteach na faidhbe, mar gur fadhb í atá i bhfad bhfad níos measa faoi láthair ná mar a bhí sí riamh cheana. Níl chuile dhuine ar aon intinn faoi bhunchúis na faidhbe seo ach tá a fhios ag an saol go gcaithfimid réiteach práinneach a fháil uirthi.

Gluais

Imithe ó smacht – gone out of control

Le blianta beaga anuas – for the last few years

Ag seanmóireacht – preaching

Ag caitheamh anuas – belittle, complaining about

Ag breathnú – looking at

Réiteach na faidhbe – solution to the problem

Géarghá – a great need

Beart a dhéanamh – strike a blow against

Fíor-dheacair – very difficult

Eachtraí foréigneacha – violent deeds

Galar na linne seo – the modern disease

Sula dtéann an scéal in olcas – before things get worse

An dallamullóg – fooling, pulling the wool over their eyes

Camleithscéalta – weak excuses

Go mba chóir dúinn – that we should

Córas eacnamaíochta – the economic system

Leatrom – oppress

Tuarascáil oifigiúil – official report

Léirmheas – assessment

Cíoradh a dhéanamh – to examine carefully

Meon uafásach na fuarchúise – the awful mentality of indifference

Iad siúd a mhaireann ar imeall na sochaí – those on the edge of society

Dainséarach agus dána – dangerous and daring

Beag an baol – little chance

'Filleann an feall ar an bhfeallaire' – A person's bad deeds come back to haunt them

Ag dul in olcas – going from bad to worse

Faoi bhunchúis na faidhbe – about the basic reason for the problem

Worked Example — Exam Question 2
Ceapadóireacht Shamplach 2 (Aiste)

An Ghaeilge agus A Bhfuil i nDán Di

Tá daoine ann a deir go bhfuil an Ghaeilge, **todhchaí** na Gaeilge agus **go deimhin** todhchaí na Gaeltachta **i mbaol, i láthair na huaire**. **Ní bréag ar bith a rá** go bhfuil fadhbanna ag ár dteanga náisiúnta ach **táim ag ceapadh go mbeadh sé fíor a rá** nach bhfuil sí i mbaol **ar chor ar bith**. Ní féidir a shéanadh go bhfuil meath ag teacht, **diaidh ar ndiaidh**, ar na Gaeltachtaí agus go bhfuil teorainneacha na fíor-Ghaeltachta ag cúlú **le blianta beaga anuas**. Ní hionann **sin is a rá** nach bhfuil saol fada i ndán don teanga. D'ainneoin an méid a deir na saineolaithe féin-cheaptha **creidim** go bhfuil feabhas, nach beag, ag teacht ar an scéal ar fud na tíre.

Pé scéal é tá Raidió na Gaeltachta ag craoladh ar fud na hÉireann agus **go deimhin** tá sé ag dul i neart. Is dóigh liomsa **go mba chóir dúinn** bheith bródúil as an dul chun cinn atá déanta ag an stáisiún sin. **Is aoibhinn liom formhór** na gcláracha a bhíonn acu **go háirithe** na cláracha a bhaineann le cúrsaí spóirt. **Tá a fhios ag an saol** nach bhfuil craoltóir in Éirinn ar comhchéim leo. **Dála an scéil**, tá lucht leanúna fairsing ag Raidió na Gaeltachta agus taispeánann sé sin nach bhfuil an Ghaeilge **i mbaol ar chor**

ar bith ach í ag neartú agus ag scaipeadh.

Ba chóir go mbeadh sé soiléir ón dul chun cinn atá déanta ag TG4 go bhfuil **todhchaí** sár-mhaith i ndán don Ghaeilge. Bíonn cláracha den **chéad scoth** ar siúl acu, **ar nós** GAA Beo agus go deimhin **Ros na Rún. Chomh maith leis sin** bíonn na mílte, mílte ag breathnú ar na h*Underdogs*. **Dar ndóigh** rinneadh réalta as Hector Ó hEochagáin mar gheall ar na cláracha a dhéanann sé le TG4. Tá **fuinneamh agus beocht na hóige** aige agus tugann sé ardú meanman dúinn a bheith ag breathnú is ag éisteacht leis. Nár laga Dia riamh é, mar **ní bréag ar bith a rá** go bhfuil sé ag déanamh éacht don Ghaeilge agus do thodhchaí na Gaeilge.

Bronnadh stádas mar theanga oifigiúil san Aontas Eorpach ar an nGaeilge scaitheamh ó shin ach **ag an am céanna déarfainn go mba chóir** go mbeadh sé soiléir go bhfuil an teanga i gcruachás sa chóras oideachais. Is é mo thuairim láidir go gcaithfear athruithe a dhéanamh sa chaoi ina múintear agus ina bhfoghlaimítear an Ghaeilge mar theanga. **Is oth liom a rá** go bhfuil ag teip ar mhúineadh na Gaeilge sna scoileanna. Gheall an tAire Oideachais go ndéanfaí athbhreithniú ar an nGaeilge san Ardteist. **Goilleann sé orm a rá** nach bhfuil an teanga ag fáil **cothrom na féinne** sa seomra ranga. Ná bac leis **an seanmóireacht** agus **an caitheamh anuas**, a Aire. Déan gníomh gaisce ar son na teanga. Ba chóir duit gach gné de mhúineadh na Gaeilge a scrúdú agus ina dhiaidh sin beartas cróga a chur i bhfeidhm láithreach.

Níl lá an bhrátha tagtha don Ghaeilge go fóill cé go mbíonn na fáithe ag déanamh amach go bhfuil. **Is cuma sa diabhal liom faoi** na saineolaithe céanna mar **níl ach fíorbheagán eolais acu** faoi shaol an lae inniu. Má tá deireadh i ndán don Ghaeilge cad mar gheall ar an bhforbairt mhór atá déanta ag na scoileanna Gaelacha le blianta beaga anuas? **Creid é nó ná creid** tá an t-uafás bailte agus cathracha in Éirinn ina bhfuil gaelscoileanna iontu anois. Deir an seanfhocal 'Tír gan teanga, tír gan anam' agus de réir dealraimh, tá saol fada i ndán don Ghaeilge.

Gluais

I mbaol – in danger
Ár dteanga náisiúnta – our national language
Ní féidir a shéanadh – it can't be denied
Meath – decline
Teorainneacha – borders
Fíor-Ghaeltacht – real, true Gaeltacht
Saol fada – a long life
D'ainneoin – despite
Saineolaithe – experts

Féin-cheaptha – self-appointed

Feabhas nach beag – no little improvement

Ag craoladh – broadcasting

Ag dul i neart – getting stronger

Dul chun cinn – progress

A bhaineann le – dealing with

Ar comhchéim – equal to

Lucht leanúna fairsing – a big following

Ag neartú agus ag scaipeadh – strengthening and spreading

Ag breathnú ar – looking at

Réalta – a star

Nár laga Dia riamh é – may God never weaken him

Ag déanamh éacht – doing great work

Bronnadh stádas mar theanga oifigiúil – Irish was granted the status of an official language

I gcruachás – in a bad way

Ag teip – failing

Athbhreithniú – a new look, a review

Ná bac leis – don't bother with

Déan gníomh gaisce – do a great deed, service

Beartas cróga a chur i bhfeidhm – to put a brave plan in place

Lá an bhrátha – judgement day, the last day

Na fáithe – the prophets

Táim ag ceapadh go mbeadh sé fíor a rá – I'm thinking it would be true to say

Scaitheamh ó shin – a while ago

Ag déanamh amach go bhfuil – making out/thinking that it is

Forbairt – development

Worked Example — Exam Question 3
Ceapadóireacht Shamplach 3 (Aiste)

Oideachas Maith — is Áis Riachtanach do Shaol an Lae Inniu É

Ar an gcéad dul síos caithfidh mé a rá go n-aontaím **go huile agus go hiomlán** leis an ráiteas thuas. **Táim ag ceapadh** go bhfuil oideachas maith thar a bheith tábhachtach **sa lá atá inniu ann**. 'Ní thagann ciall roimh aois' a deir an seanfhocal ach **ní hionann**

sin is a rá nach féidir leis an gcóras oideachais freastal a dhéanamh ar an duine iomlán, **cuma sa diabhal** cén aois é/í.

Déarfainn gur chuala gach éinne an tseafóid faoi shaor-oideachas sa tír seo. Saor-oideachas an ea? **Go sábhála Dia muid;** ní féidir leis an rialtas **an dallamullóg** a chur orainn. Níl sé saor ar **chor ar bith.** Tá sé daor. Céad euro i gcomhair táillí. Caoga euro i gcomhair ealaín; Seasca euro i gcomhair corpoideachais. **Goilleann sé orm** bheith ag éisteacht leis na polaiteoirí ag maíomh as oideachas saor nuair nach bhfuil sé saor in aon chor.

Dála an scéil tá neamhlitearthacht le fáil i mbeagnach gach aon tír. **Ní bréag ar bith a rá** gur fadhb mhór í san Afraic agus san Áise, ach ba bheag nár thit mé as mo sheasamh nuair a chuala mé chomh dona is atá an fhadbh in Éirinn. **De réir dealraimh** tá go leor leor daoine sa tír seo gan léamh gan scríobh, i láthair na huaire. Tá míbhuntáistí pearsanta, eacnamaíochta agus sóisialta ag baint le saol duine ar bith nach bhfuil léamh agus scríobh aige. **Creid é nó ná creid** fágann go leor daoine óga scoileanna ar fud na hÉireann róluath agus gan léamh ná scríobh ceart acu. **Muise, go deimhin,** ní leor in aon chor oideachas den saghas sin.

Déarfainn gurb é **bunréiteach na faidhbe** ná líon na ndaltaí sna ranganna a laghdú, sna bunscoileanna agus sna meánscoileanna. **Níl ach fíorbheagán eolais agam faoi** na staitisticí ach **creidim** gur réiteach eile scéimeanna litearthachta a chur ar siúl, **go mór mór** do dhaoine fásta.

Chun an fhírinne a insint tá scéimeanna mar seo ar siúl cheana féin in áiteanna áirithe ar fud na tíre. **Chomh maith leis sin** is dóigh liom go bhfuil sé riachtanach go gcuirfeadh an Rialtas oideachas cúitimh ar fáil, go forleathan go háirithe sna bunscoileanna agus sna meánscoileanna nach bhfuil scéimeanna iontu cheana féin.

Deirtear go gcuireann córas na scrúduithe brú rómhór ar dhaltaí agus nach bhfuil ciall ar bith le **'rás na bpointí',** mar a thugtar air uaireanta. **Táim ar nós cuma liom** faoi 'rás na bpointí', cé go bhfuil daoine ann a cheapann go mbeadh sé níos fearr daltaí a chur faoi agallamh chomh maith. **Pé scéal é** má táimid ag caint faoi 'oideachas maith' mar 'áis riachtanach' caithfimid na rudaí seo a chur san áireamh chomh maith.

Pé scéal é caithfidh an Rialtas agus an Roinn Oideachais an córas oideachais a chur in oiriúint do shaol na ndaltaí atá againn sa tír seo **sa lá atá inniu ann.** I ndeireadh na dála, tír ríomhaireachta agus teichneolaíochta atá in Éirinn **na laethanta** seo. Caithfear oideachas agus oiliúint a chur ar fáil do na daltaí chun postanna den saghas sin a líonadh.

Gluais

Caithfidh mé a rá – I have to say

Ráiteas – statement

Thar a bheith tábhachtach – hugely important

Ní thagann ciall roimh aois – you can't put an old head on young shoulders/sense doesn't come before age

Freastal a dhéanamh – to serve

Ag maíomh as – boasting

In aon chor – at all

Neamhlitearthacht – illiteracy

San Áise – in Asia

Go leor leor – lots and lots

Míbhuntáistí pearsanta – personal disadvantages

Bunréiteach na faidhbe – the basic solution to the problem

Líon na ndaltaí – the number of students

Scéimeanna litearthachta – literacy schemes

Oideachais cúitimh – compensatory education

Cheana féin – already

Córas na scrúduithe – the exam system

'Rás na bpointí' – the points race

A chur faoi agallamh – to interview

A chur san áireamh – to include in the consideration

In oiriúint – make suitable

I ndeireadh na dála – finally, at the end of the day

Tír ríomhaireachta agus teicneolaíochta – a country of computers and technology

Oiliúint – education, training

Worked Example — Exam Question 4
Ceapadóireacht Shamplach 4 (Aiste)

Tionchar na Meán Cumarsáide

I dtús báire, cad iad na meáin chumarsáide? **Ar an gcéad dul síos déarfainn** go bhfuil an teilifís i mbarr an dréimire, agus **táim ag ceapadh** go bhfuil na nuachtáin agus na hirisí ar rungaí níos ísle. **Chomh maith leis sin** is fíor go mbíonn an t-uafás daoine ag éisteacht leis an raidió, go mór mór an raidió áitiuil, anseo in Éirinn. **Ní bréag ar bith a rá** go bhfuil ríomhairí **thar a bheith** tábhachtach **sa lá atá inniu ann,** chomh maith.

Chun an fhírinne a rá tá tionchar nach beag ag na meáin chumarsáide ar shaol an lae inniu. Bíonn daoine ag seanmóireacht go bhfuil an iomarca tionchair ag na meáin ach níl sé sin ceart, cóir ná cothrom. Ní aontaím leo ar chor ar bith. Tá maitheas agus olc i ngach aon rud agus creidim go bhfuil sé mar an gcéanna i gcás na meán. Pé scéal é, tá tionchar faoi leith ag ríomhairí agus is dóigh liom go bhfuil fíor-thábhacht ag baint leo le blianta beaga anuas. Cuidíonn ríomhairí linn ar bhealaí éagsúla, cuirim i gcás i gcúrsaí gnó, i gcúrsaí oideachais agus, dar ndóigh, i gcúrsaí cumarsáide.

Gan amhras ar bith, is cuid thábhachtach de na meáin chumarsáide tionscal na fógraíochta. Goilleann sé orm bheith ag éisteacht leo siúd a deir gur tionscal gan tairbhe an tionscal céanna, mar d'fhéadfaí a rá go gcuireann fógraí seirbhís eolais ar fáil don phobal. Dála an scéil, ní hionann sin is a rá nach bhfuil tionscal na fógraíochta gan locht.

Tá ré an idirlín linn anois, agus go deimhin tá sé ag déanamh athrú réabhlóideach ar na meáin chumarsáide, anseo in Éirinn agus i ngach áit eile. Nuair a bhíonn daoine ag plé thionchar na meán cumarsáide agus go mór mór an teilifís agus ríomhairí, b'fhiú dóibh machnamh a dhéanamh ar thairngreacht Aldous Huxley ina leabhar *Brave New World* (1932). Dúirt Huxley sa leabhar sin go dtiocfadh an lá a mbeadh daoine ag adhradh meaisíní na heolaíochta agus na teicneolaíochta nua in ionad bheith ag smaoineamh dóibh féin. Chomh maith leis sin rinne an tOllamh Marshal McLuhan anailís ar thionchar na cumarsáide leictreonaí agus dúirt ina leabhar *War and Peace in the Global Village* go mbeadh seomraí suí ar fud an domhain ina saghas sráidbhaile domhanda mar gheall ar an teilifís. Ní bheadh sé ceart, cóir ná cothrom dá mbeadh an tionchar sin ag na meáin chumarsáide, dar liomsa.

Ba bheag nár thit mé as mo sheasamh nuair a chonaic mé na heitleáin ag eitilt isteach sna 'Twin Towers'. Táim ag ceapadh nach ndéanfaidh an domhan dearmad go deo na ndeor ar an iomhá uafásach úd. Is maith an scéalaí an aimsir ach creidim gur thaispeáin an tubaiste sin cumhacht agus tionchar na meán cumarsáide. Ní féidir a shéanadh ach go bhfuil cumhacht as cuimse ag na meáin ach déarfainn gur ar leas na ndaoine a oibríonn siad i gcoitinne.

Gluais

I mbarr an dréimire – top of the ladder, in first place

Is fíor – it's true

Raidió áitiúil – local radio

Thar a bheith tábhachtach – very, very important

Tionchar nach beag – great influence

Mar an gcéanna – likewise, in like manner

Faoi leith – particular

Fíor-thábhacht – great importance

Tionscal na fógraíochta – the advertising industry

Tionscal gan tairbhe – an industry without value

Ré an idirlín – the age of the internet

Athrú réabhlóideach – revolutionary changes

Tairngreacht – prophecy

Ag adhradh meaisíní – honouring, adoring machinery

Anailís – analysis

Leictreonaí – electronic

Sráidbhaile domhanda – global village

Íomhá uafásach – terrible image

Tubaiste – disaster

Cumhacht – power

Cumhacht as cuimse – unbelievable power

Ar leas na ndaoine – for the good of the people

I gcoitinne – in general

D'fhéadfaí a rá – it could be said

Ag plé – discussing

B'fhiú dóibh – it would be worthwhile for them

Worked Example — Exam Question 5
Ceapadóireacht Shamplach 5 (Aiste)

Slad ar na Bóithre

For our 5th composition I have chosen to put together a type of **'formula composition'** (for want of a better description). I will give the composition the working title **'Slad ar na Bóithre'**, but this same composition would work equally well for **compositions** with **other titles.** There are very often compositions on exam papers about controversial issues and problems such as **mayhem and death on the roads,** the drug problem, violence, crime, terrorism, famine, natural disasters, bullying, illiteracy, war, and the list could go on and on. Wouldn't it be great to put together a composition that would cover all of those subjects and more. Well, that is what we are going to try to do over the next couple of pages.

Five Parts to the Composition

Paragraph 1: An Tús

1 Ar an gcéad dul síos caithfich mé a rá gur ábhar fíor-dheacair conspóideach is ea an scéal seo faoin slad ar na bóithre (for example). Chun an fhírinne a rá tá sé go mór i mbéal an phobail le fada an lá (le déanaí, le tamall anuas, le blianta beaga anuas).

First of all I must say that this is a very difficult and controversial subject. It has been very much in the public eye for a long time.

2 Go deimhin bíonn an scéal á phlé ar na meáin chumarsáide beagnach gach aon lá. Ach is oth liom a rá nach gcreidim go bhfuil aon réiteach simplí ar an bhfadhb chasta seo.

Indeed this matter is discussed regularly in the media. But I'm sorry to say that I don't believe there is any simple solution to this complicated problem.

3 Ag an am céanna táim ag ceapadh go mba chóir an scéal go léir a chíoradh go bhfeicfimid cé chomh dona is atá cúrsaí, cad iad na cúiseanna atá leis an bhfadhb agus an bhfuil réiteach ar bith ar an gceist.

At the same time I think the whole issue should be examined carefully, to see how bad the story is, what the main causes of the problem are and to see is there any satisfactory solution to the question.

Now let's put it all together as our 1st paragraph

Ar an gcéad dul síos caithfich mé a rá gur ábhar fíor-dheacair, conspóideach, is ea an scéal seo faoin slad ar na bóithre. Chun an fhírinne a rá tá sé go mór i mbéal an phobail le fada an lá. Go deimhin bíonn an scéal á phlé ar na meáin chumarsáide beagnach gach aon lá. Ach is oth liom a rá nach gcreidim go bhfuil aon réiteach simplí ar an bhfadhb chasta seo. Ag an am céanna táim ag ceapadh go mba chóir an scéal a chíoradh go bhfeicfimid cé chomh dona agus atá cúrsaí, cad iad na cúiseanna is mó atá leis an bhfadhb agus an bhfuil réiteach sásúil ar bith ar an gceist.

Paragraph 2: Chomh Dona Is Atá an Scéal

1 I dtosach báire níl nóiméad sa lá dá dtéann tharainn nach mbíonn tagairt éigin nó ceannlíne sna meáin faoi ghné éigin den scéal seo.

First of all there isn't a minute of the day that passes by that there isn't some reference or headline in the media about some aspect of this story.

2   Is dócha gur chuala gach éinne faoin scannal/tubaiste dochreidte sin a tharla le déanaí *(you mention whatever accident, disaster, scandal etc. that you wish to write about).*

3   Nach náireach an rud é go bhfuil cúrsaí mar sin agus nach mbíonn tada eile ar na meáin ach rudaí uafásacha **den tsaghas** sin.

Now let's put it all together as our 2nd paragraph

I dtosach báire níl nóiméad sa lá dá dtéann tharainn nach mbíonn tagairt éigin nó ceannlíne sna meáin faoi ghné éigin den scéal seo. Is dócha gur chuala gach éinne faoin timpiste dochreidte sin a tharla le déanaí, nuair a maraíodh ceathrar as an teaghlach céanna i mBaile Átha Cliath. Nach náireach an rud é go bhfuil cúrsaí mar sin agus nach mbíonn tada eile ar na meáin ach rudaí uafásacha den tsaghas sin.

Paragraph 3: Na Cúiseanna Atá Leis

1   Agus meastú cad iad na príomhchúiseanna go bhfuil cúrsaí mar atá. Cé atá freagrach as an drochscéal uafásach seo? In ainm Dé cé air bhfuil an locht?

And I wonder what are the main causes that things are like this? Who is responsible for this awful situation? In the name of God where does the blame lie?

2   I dtús báire níl amhras ar bith ach go bhfuil cuid mhaith den locht ar ar an Rialtas (for example). Ní féidir a shéanadh gur cuma leo faoin bhfadhb scannalach seo.

First of all there's no doubt but that a good bit of the blame lies with the government (for example). It can't be denied that they don't care about this scandulous problem.

3   I ndeireadh na dála caithfear a admháil nach bhfuil duine ar bith saor ó locht. Táim ag ceapadh go mbeadh sé fíor a rá go bhfuil cuid den locht ar an gcóras oideachais atá againn sa tír seo, córas atá i bhfad ró-acadúil. Is dóigh liomsa nach bhfeileann an córas oideachais atá againn do na daltaí. Creidim go bhfuil baint mhór ag an easnamh seo leis an gcruachás a bhfuilimid ag caint faoi.

At the end of the day it has to be admitted that nobody is free from blame. I think it would be true to say that some of the fault lies with the education system that we have in this country, that is far too academic. I don't believe that the education system we have suits the students. I believe that there is a big connection between this lacking (education system) and the awful hardship we are talking about.

Now let's put it all together as our 3rd paragraph

Agus cad iad na príomhchúiseanna go bhfuil cúrsaí mar atá? Cé atá freagrach as an drochscéal uafásach seo? In ainm Dé cé air a bhfuil an locht? I dtús báire níl amhras ar bith ach go bhfuil cuid mhaith den locht ar ar an Rialtas (for example). Ní féidir a shéanadh gur cuma leo faoin bhfadhb scannalach seo. I ndeireadh na dála caithfear a admháil nach bhfuil duine ar bith saor ó locht. Táim ag ceapadh go mbeadh sé fíor a rá go bhfuil cuid den locht ar an gcóras oideachais atá againn sa tír seo, córas atá i bhfad ró-acadúil. Is dóigh liomsa nach bhfeileann an córas oideachais atá againn do na daltaí. Creidim go bhfuil baint mhór ag an easnamh seo leis an gcruachás a bhfuilimid ag caint faoi.

Paragraph 4: An Réiteach

1   Mar atá ráite agam cheana is dóigh liom nach bhfuil réiteach simplí ar an bhfadhb chasta seo, má tá réiteach uirthi ar chor ar bith. Ag an am céanna ní bréag ar bith a rá go gcaithfimid aghaidh a thabhairt ar an gceist agus dul i ngleic léi más féidir sin.

   As I already said I believe there is no simple solution to this difficult problem, if there is even any solution to it at all. At the same time it's no lie to say that we have to confront the question and get a hold of it, if that's possible.

2   I dtosach báire táim ag ceapadh gur chóir don rialtas plean a chur le chéile chun dul i ngleic leis an slad ar na bóithre agus go mba chóir dóibh an plean a chur i bhfeidhm láithreach. Muna ndéanann siad amhlaidh leanfaidh an scannal ar aghaidh agus ní bheidh deireadh leis go deo na ndeor. Caithfear beart a dhéanamh. Ní caint atá uainn ach gníomh.

   First of all I think the government should put together a plan to deal with the slaughter on the roads and that they should implement the plan immediately. If they don't do this the scandal will continue and there will never be an end to it. It's not talk we need but action.

Now let's put it all together as the 4th paragraph

Mar atá ráite agam cheana is dóigh liom nach bhfuil réiteach simplí ar an bhfadhb chasta seo, má tá réiteach uirthi ar chor ar bith. Ag an am céanna ní bréag ar bith a rá go gcaithfimid aghaidh a thabhairt ar an gceist agus dul i ngleic léi más féidir sin. I dtosach báire táim ag ceapadh gur chóir don rialtas plean a chur le chéile chun dul i ngleic leis an slad ar na bóithre agus ansin an plean a chur i bhfeidhm láithreach.

Muna ndéanann siad amhlaidh leanfaidh an scannal ar aghaidh agus ní bheidh deireadh leis go deo na ndeor. Caithfear beart a dhéanamh. Ní caint atá uainn ach gníomh.

Paragraph 5: An Chríoch

1   Chun críoch agus deireadh a chur le mo chuid cainte creidim go mba chóir go mbeadh sé thar a bheith soiléir ón méid atá ráite agam gur ceist phráinneach is ea í seo. Táim siúrálta go bhfuil géarchéim buailte linn cheana féin.

To finish what I was saying I believe that it should be more than obvious from what I have said that this is an urgent question. I'm certain that we have already reached crisis point.

2   Níl amhras ar bith ach go gcaithfear dul i ngleic leis an bhfadhb seo mar tá an scéal ina phraiseach ceart i ndáiríre. Tá na céadta ag fáil bháis ar na bóithre chuile bhliain. Cuirigí deireadh leis an seanmóireacht agus déanaigí iarracht an fhadhb a fhuascailt láithreach.

There is no doubt that we have to tackle this problem because it's a real mess. Hundreds are dying on the roads every year. Put an end to your sermonising and make an effort to solve the problem immediately.

3   Táim lánchinnte gur féidir linn an lámh in uachtar a fháil ar an gceist phráinneach seo ach cur chuige i gceart. 'Is minic ciúin ciontach' a deir an seanfhocal. Bhuel nílimid chun bheith ciúin a thuilleadh. Caithfimid go léir go leor leor brú a chur ar an Rialtas chun réiteach na faidhbe seo a fháil, ar ais nó ar éigean.

I'm dead certain that we can get the upperhand on this urgent matter if we set about it properly. 'The silent are often guilty' says the proverb. Well we are not going to be quiet anymore. We have to put lots and lots of pressure on the government to find a solution to the problem by any means possible.

Now let's put it all together as the 5th (final) paragraph

Chun críoch agus deireadh a chur leis an cheapadóireacht seo creidim go mba chóir go mbeadh sé thar a bheith soiléir ón méid atá ráite agam gur ceist phráinneach é seo. Táim siúrálta go bhfuil géarchéim buailte linn cheana féin. Níl amhras ar bith ach go gcaithfear dul i ngleic leis an bhfadhb seo mar tá an scéal ina phraiseach ceart i ndáiríre. Tá na céadta ag fáil bháis ar na bóithre chuile bhliain. Cuirigí deireadh leis an seanmóireacht agus déanaigí iarracht an fhadhb a réiteach láithreach.

Táim lánchinnte gur féidir linn an lámh in uachtar a fháil ar an gceist phráinneach seo ach cur chuige i gceart. 'Is minic ciúin ciontach' a deir an seanfhocal, bhuel nílimid chun bheith ciúin a thuilleadh. Caithfimid go léir go leor leor brú a chur ar an Rialtas réiteach na faidhbe a fháil, ar ais nó ar éigean.

Slad ar na Bóithre

(the complete composition)

Ar an gcéad dul síos caithfich mé a rá gur ábhar fíor-dheacair conspóideach is ea an scéal seo faoin slad ar na bóithre. Chun an fhírinne a rá tá sé go mór i mbéal an phobail le fada an lá. Go deimhin bíonn an scéal á phlé ar na meáin chumarsáide beagnach gach aon lá. Ach is oth liom a rá nach gcreidim go bhfuil aon réiteach simplí ar an bhfadhb chasta seo. Ag an am céanna táim ag ceapadh go mba chóir an scéal a chíoradh go bhfeicfimid cé chomh dona agus atá cúrsaí, cad iad na cúiseanna is mó leis an bhfadhb agus an bhfuil réiteach sásúil ar bith ar an gceist.

I dtosach báire níl nóiméad sa lá dá dtéann tharainn nach mbíonn tagairt éigin nó ceannlíne sna meáin faoi ghné éigin den scéal seo. Is dócha gur chuala gach éinne faoin timpiste dochreidte sin a tharla le déanaí, nuair a maraíodh ceathrar as an teaghlach céanna i mBaile Átha Cliath. Nach náireach an rud é go bhfuil cúrsaí mar sin agus nach mbíonn tada eile ar na meáin ach rudaí uafásacha den tsaghas sin.

Agus cad iad na príomhchúiseanna go bhfuil cúrsaí mar atá. Cé atá freagrach as an drochscéal uafásach seo? In ainm Dé cé air a bhfuil an locht? I dtús báire níl amhras ar bith ach go bhfuil cuid mhaith den locht ar an Rialtas (for example). Ní féidir a shéanadh gur cuma leo faoin bhfadhb scannalach seo. I ndeireadh na dála caithfear a admháil nach bhfuil duinc ar bith saor ó locht. Táim ag ceapadh go mbeadh sé fíor a rá go bhfuil cuid den locht ar an gcóras oideachais atá againn sa tír seo, córas atá i bhfad ró-acadúil. Is dóigh liomsa nach bhfeileann an córas oideachais atá againn do na daltaí. Creidim go bhfuil baint mhór ag an easnamh seo leis an gcruachás a bhfuilimid ag caint faoi.

Mar atá ráite agam cheana is dóigh liom nach bhfuil réiteach simplí ar an bhfadhb chasta seo, má tá réiteach uirthi ar chor ar bith. Ag an am céanna ní bréag ar bith a rá go gcaithfimid aghaidh a thabhairt ar an gceist agus dul i ngleic léi más féidir sin. I dtosach báire táim ag ceapadh gur chóir don rialtas plean a chur le chéile chun dul i ngleic leis an slad ar na bóithre agus go mba chóir dóibh an plean a chur i bhfeidhm láithreach. Muna ndéanann siad amhlaidh leanfaidh an scannal ar aghaidh agus ní bheidh deireadh leis go deo na ndeor. Caithfear beart a dhéanamh. Ní caint atá uainn ach gníomh.

71

Chun críoch agus deireadh a chur leis an cheapadóireacht seo creidim go mba chóir go mbeadh sé thar a bheith soiléir ón méid atá ráite agam gur cheist phráinneach é seo. Táim siúrálta go bhfuil géarchéim buailte linn cheana féin. Níl amhras ar bith ach go gcaithfear dul i ngleic leis an bhfadhb seo mar tá an scéal ina phraiseach i ndáiríre. Tá na céadta ag fáil bháis ar na bóithre chuile bhliain. Cuirigí deireadh leis an seanmóireacht agus déanaigí iarracht an fhadhb a réiteach láithreach. Táim lánchinnte gur féidir linn an lámh in uachtar a fháil ar an gceist phráinneach seo ach cur chuige i gceart. 'Is minic ciúin ciontach' a deir an seanfhocal. Bhuel nílimid chun bheith ciúin a thuilleadh. Caithfimid go léir go leor leor brú a chur ar an Rialtas réiteach na faidhbe a fháil, ar ais nó ar éigean.

Gluais

Conspóideach – controversial

I mbéal an phobail – being talked about a lot

A chíoradh – to scrutinise

Cé chomh dona – how bad

Gur cuma leo – that they don't care, disinterested

Scannalach – scandalous

Ró-acadúil – too academic

Nach bhfeileann – that doesn't suit

Easnamh – lack

Aghaidh a thabhairt ar an gceist – to face the question, problem

Gníomh – action

Críoch agus deireadh – to finally end

Siúrálta – sure

Géarchéim – crisis

Ina phraiseach cheart – in a right mess

An lámh in uachtar – the upperhand

Cur chuige – to set about, approach

'Is minic ciúin ciontach' – the silent are often guilty

Dul i ngleic le – to tackle, to get to grips with

A chur i bhfeidhm – to put into operation

Thar a bheith soiléir – more than obvious

Ar ais nó ar éigean – by any means, at all costs

Náireach – shameful

Ní féidir a shéanadh – it can't be denied

I ndeireadh na dála – at the end of the day, finally

And What Next?

The **'Slad ar na Bóithre'** composition can be **adapted**, with **very few changes**, for use with a large number of **different topics** (see below). It can be **adapted** for use with:

A – Aiste compositions

C – Alt Nuachtáin/Irise compositions

D – Díospóireacht/Óráid compositions

We will have **examples** of **Alt Nuachtáin/Irise** and **Díospóireacht/Óráid compositions** later in this section of the book

Tried and Tested

'Nothing is taught until it is tested' is something I believe to be paramount in the teaching of all subjects. The **'Slad ar na Bóithre'** type of composition has been **tried and tested** with students preparing for various examinations. It has proven to be of **great benefit** to those students. There is no doubt that **such a composition** would also be very well suited for students doing **university examinations** and **teacher training examinations**. A scaled down **or** shortened version of this composition may also be of considerable benefit to **Junior Cert. Higher Level** students.

How to Adapt the 'Slad ar na Bóithre' Composition

Students who wish to use this type of composition should:

- Practise using it with a number of different topics.
- Practise adapting the 'Slad ar na Bóithre' composition to those different topics.
- Practise using the 'composition' with A – Aiste, C – Alt Nuachtáin/Irise and D – Díospóireacht/Óráid compositions.
- Ask your teacher to correct your practise compositions and make whatever adjustments that your teacher recommends.

Obair Duit Féin (Iar-Ardteist)

1   **A – <u>AISTE</u> 100 marc**

Scríobh AISTE ar **CHEANN AMHÁIN** de na hábhair seo.

(a) Oideachais maith – is áis riachtanach do shaol an lae inniu é.

(b) Sobaldrámaí – scáthán ar shaol ár linne.

(c) An Sean is an Nua in Éirinn.

2   **A – <u>AISTE</u> 100 marc**

Scríobh AISTE ar **CHEANN AMHÁIN** de na hábhair seo.

(a) An scoil agus an dalta: ní i gcónaí a bhíonn dea-chaidreamh eatarthu inniu.

(b) Is mór an oscailt súl don duine é an taisteal.

(c) Idéil na gCluichí Oilimpeacha – scamall orthu inniu faraor.

3   **A – <u>AISTE</u> 100 marc**

Scríobh AISTE ar **CHEANN AMHÁIN** de na hábhair seo.

(a) Réaltaí spóirt (*nó* ceoil *nó* scannán) – tá iomarca tionchair acu ar aos óg na linne seo.

(b) Saol an duine shingil – is é is fearr agus is taitneamhaí.

(c) Baol agus bagairt i saol an lae inniu.

4   **A – <u>AISTE</u> 100 marc**

Scríobh AISTE ar **CHEANN AMHÁIN** de na hábhair seo.

(a) Ní hionann saibhreas agus sonas.

(b) Reiligiún i saol an lae inniu; is minic a bhíonn polaitíocht chomh maith le creideamh i gceist.

(c) Easpa cothromaíochta i ndáileadh an rachmais is cúis le mórchuid fadhbanna sóisialta.

5   **A – <u>AISTE</u> 100 marc**

Scríobh AISTE ar **CHEANN AMHÁIN** de na hábhair seo.

(a) Ní fáiltiúil an tír í seo níos mó.

(b) Ní raibh de thoradh riamh ar chogaíocht ach tuilleadh cogaíochta.

(c) Éire – tír álainn trína chéile.

Ceapadóireacht B – Scéal a Scríobh

The **scéal composition** is one that is attempted by very few students in the Leaving Cert. exam. However, writing such a **composition** has many advantages, the main one being that this type of composition can usually be written **fully in the past tense**, which students find much easier to do. There are always **two scéal compositions** on the exam paper. First of all there is the **seanfhocal**(proverb)/**nath cainte** (expression, saying) **composition** and then there is the **ábhar teibí** (abstract) **composition** which is always a **composition** based on a **single word**.

The Seanfhocal/Nath Cainte Composition

This type of **composition** has been on exam papers for several successive years now. A typical **seanfhocal composition** that came up previously is '**Ní bhíonn in aon rud ach seal**' (Nothing lasts forever) and a typical **nath cainte composition** is '**Cothrom na Féinne**' (Fair play) which has also come up already.

The Ábhar Teibí Composition

The single word **scéal composition** has also been on the Leaving Cert. exam papers for several successive years. **Single word scéal compositions** that have come up in recent years include **Díomá** (2006), **Bród** (2005), **Míthuiscint** (2004). The **large majority** of students doing the Leaving Cert. wouldn't dream of attempting such a composition.

Why the 'Scéal' Composition?

The Chinese believe that a **proverb** can be used to **prove anything**, therefore you should **be able to write just about anything** when you are writing a **composition** based upon **a proverb**. The very same is true of the **single word scéal composition**, because if a composition is **abstract** you can write just about **anything you want** when writing a **composition** based upon an **abstract word**.

The 'Scéal' Composition

With the above in mind I put together a **scéal composition** that can be used both for a **seanfhocal/nath cainte theme** <u>or</u> for a composition based upon **a single word** (abstract). Incidentally **I am saying** that the **same composition** will cover both the **seanfhocal** <u>and</u> abstract compositions.

Tried and Tested

The **scéal composition** that I include here has been **tried and tested** with great success over the past couple of years. I have chosen the **single word scéal composition** **'Díomá'** that was on the 2006 Leaving Cert. exam paper. This **composition** will contain many of the **saibhreas** (richness) expressions referred to earlier in this book.

Worked Example – Ceapadóireacht 6

Díomá

D'ól Liam Ó Máille cupán tae i mbialann an aerfoirt agus é ag smaoineamh ar an turas fada a bhí roimhe. Pé scéal é bhí sé díreach tar éis slán a fhágáil ag a theaghlach agus ag a chairde agus bhí **díomá** air. Ar aon nós bheadh sé saor agus neamhspleách sula i bhfad agus é ar a bhealach thar lear. Faoi dheireadh thiar thall réab an scairdeitleán síos an rúidbhealach agus toit ag teacht as na rothaí. Bhí Liam ar mhuin na muice anois, saol nua agus eachtraí nua roimhe amach. Ní raibh cíos, cás ná cathú air agus ní bréag ar bith a rá gur cheap sé go raibh sé ina laoch nó ina eachtránaí.

Shroich sé aerfort Addis Ababa go luath an mhaidin dár gcionn agus chun an fhírinne a rá bhí sceitimíní áthais air. Bhí grian gheal na hAfraice ag scoilteadh na gcloch cheana féin agus ní raibh oiread is puth gaoithe ag séideadh. Chuir Antoine Ó Laoire as Cúnamh fáilte agus fiche roimhe agus é ag fanacht lena mhálaí. Dúirt Antoine leis go mbeadh obair shuntasach, shásúil le déanamh aige san Aetóip. Chodail Liam go sámh an oíche sin agus thosaigh sé ar thuras ocht gcéad míle nó mar sin go ceantar Wagila, in oirthear na tíre an lá dár gcionn.

Bhain sé Wagila amach le breacadh an lae agus bhí sé deacair na radharcanna a bhí os a comhair a chreidiúint: daoine gan uisce, daoine gan bia, daoine gan dóchas. Ar shos óna chuid scolaíochta a bhí Liam Ó Maille. Nuair a d'fhéach sé ar a uaireadóir, bhí sé leathuair tar éis a haon ar an Déardaoin, 8ú Meitheamh. Nach mbeadh a chomhdhaltaí ag tosú ar an Ardteist Páipéar a hAon sa Ghaeilge agus eisean ag tosú ar obair dheonach san Afraic. Bhí sé ag ceapadh go raibh íoróin ag baint leis an scéal – mí na scrúduithe in Éirinn, mí an bháis san Afraic.

Bhí rudaí ag dul in olcas sa champa i Wagila. Bhí Liam ag ceapadh nach bhféadfadh cúrsaí a bheith níos measa nuair a bhris tíofóideach amach i measc na gcréatúr bocht a raibh sé ag obair leo. Tá sé deacair a rá an bhfuil galar níos measa ná an tíofóideach céanna. Pé scéal é bhí na céadta ag fáil bháis, agus go sábhála Dia muid cé a bhí i gceartlár an bháis ach Liam bocht. Dála an scéil, bhí sé gar don champa lá nuair a bhuail sé le seanfhear críonna caite. Duine le Dia a bhí ann. Rinne sé iarracht cúnamh a thabhairt dó ach, mo léan go deo, nach bhfuair an créatúr bás faoina lámha agus ghoill sé sin go mór air.

De réir a chéile bhí míshuaimhneas agus uaigneas ag teacht air. Bhí sé ag machnamh ar ghleannta glasa na hÉireann, ar a chairde agus go mór mór ar a mhuintir sa bhaile. Bheartaigh Liam ar dhul abhaile arís, ar ais chuig An Uaimh, ar ais chuig na leabhair, ar ais chuig a theaghlach. Is ansin a smaoinigh sé arís ar an bhfocal **díomá** agus go mór mór an díomá a bhí air san Afraic. Sula ndeachaigh sé go dtí an Afraic, bhí sé ag ceapadh go mbeadh sé ag déanamh obair shuntasach shásúil, ach bhí daoine ag fáil bháis chuile lá den ocras, den tart agus de ghalair éagsúla. B'fhearr le Liam bheith ar ais in Éirinn arís lena theaghlach agus lena chairde áit nach mbeadh **díomá** air a thuilleadh.

Gluais

Díomá – disappointment

Neamhspleách – independent

Sula i bhfad – before long

Diaidh ar ndiaidh – bit by bit

Réab an scairdeitleán – the jet plane tore

Rúidbhealach – runway

Ar deireadh thiar thall – at long last

Ar mhuin na muice – on the pig's back

An mhaidin dár gcionn – the following morning

Sceitimíní áthais – great joy

Fáilte agus fiche – a great welcome

Obair shuntasach shásúil – worthwhile satisfying work

An mhaidin/an lá dár gcionn – the following morning, following day.

Bhain sé amach – he reached

Breacadh an lae – daybreak

A chreidiúint – to credit, believe

Obair dheonach – voluntary work

Íoróin – irony

Ag dul in olcas – getting worse

Tíofóideach – typhoid

I gceartlár – in the middle of

Dála an scéil – by the way, incidentally

Seanfhear críonna caite – an spent old man

Duine le Dia – one of God's people (kind term in Eachléim, Co. Mayo Gaeltacht, for mentally ill person)

Mo léan go deo – very sadly

Faoina lámha – in his arms

Ghoill sé sin go mór air – that disturbed (bothered) him greatly

De réir a chéile – bit by bit, gradually

That's How it Works

Yes indeed that's how the **sceal composition** works and that very same **composition** will **work** for a huge number of **single word sceal compositions**, with only very slight adjustments. It will also **work** for a huge number of **seanfhocal compositions**, as we will demonstrate over the next couple of pages.

And What About Other Words?

The **'Díomá' ceapadóireacht** will, as we said above, work with a huge number of **single word sceal compositions**. Words such as **sonas, síocháin, suaimhneas, saoirse, aoibhneas, uaigneas, míthuiscint, bród, imní** are typical words that come up. In fact **many of those single word sceal compositions** have already come up in previous Leaving Cert exam papers. I chose the title **'Díomá'** for my sample composition because **'Díomá'** has come up in **two previous** papers.

Two Types of Words – Positive and Negative

I classify the **single word sceal compositions** into **positive** and **negative** words. **'Díomá'** for example would be a **negative word** as would be **'imní'**. **Sonas, síocháin, aoibhneas, suaimhneas, bród**, etc. would be **positive words**. The **first and last** paragraphs **vary slightly** depending on whether the **word** is a **positive** or a **negative** one.

Example of 'Scéal' Composition with 'Positive Word' Worked Example — Ceapadóireacht 7

Sonas

D'ól Liam Ó Máille cupán tae i mbialann an aerfoirt agus é ag smaoineamh ar an turas fada a bhí roimhe. Pé scéal é bhí sé díreach tar éis slán a fhágáil ag a theaghlach agus ag a chairde agus bhí sé **sona** sásta. Ar aon nós bheadh sé saor agus neamhspleách sula i bhfad agus é ar a bhealach thar lear. Faoi dheireadh thiar thall réab an scairdeitleán síos . . .

You continue composition as in previous 'Díomá' composition.

No change whatsoever to the main part of composition.

. . . De réir a chéile bhí míshuaimhneas agus uaigneas ag teacht air. Bhí sé ag machnamh ar ghleannta glasa na hÉireann, ar a chairde agus go mór mór ar a mhuintir sa bhaile. Bheartaigh Liam ar dhul abhaile arís, ar ais chuig An Uaimh, ar ais chuig na leabhair, ar ais chuig a theaghlach. Is ansin a smaoinigh sé arís ar an bhfocal **sonas** agus go mór mór an sonas a bhí air nuair a bhí sé in Éirinn. Sula ndeachaigh sé go dtí an Afraic, bhí sé ag ceapadh go mbeadh sé ag déanamh obair shuntasach shásúil, ach bhí daoine ag fáil bháis chuile lá den ocras, den tart agus de ghalair éagsúla. B'fhearr le Liam bheith ar ais in Éirinn arís, lena theaghlach agus lena chairde, áit a mbeadh **sonas** air arís.

Worked Example – Ceapadóireacht 8

Imní

The word '**Imní**' would be classified as a **negative** and would therefore have a similar **beginning** and **end** as the '**Díomá**' composition.

D'ól Liam Ó Máille cupán tae i mbialann an aerfoirt agus é ag smaoineamh ar an turas fada a bhí roimhe. Pé scéal é bhí sé díreach tar éis slán a fhágáil ag a theaghlach agus ag a chairde agus bhí **imní** air. Ar aon nós bheadh sé saor agus neamhspleách sula i bhfad agus é ar a bhealach thar lear. Faoi dheireadh thiar thall réab an scairdeitleán síos . . .

You continue as in 'Díomá' composition.

No change whatsoever to the main part of composition

. . . De réir a chéile bhí míshuaimhneas agus uaigneas ag teacht air. Bhí sé ag machnamh ar ghleannta glasa na hÉireann, ar a chairde agus go mór mór ar a mhuintir sa bhaile. Bheartaigh Liam ar dhul abhaile arís, ar ais chuig An Uaimh, ar ais chuig na leabhair, ar ais chuig a theaghlach. Is ansin a smaoinigh sé arís ar an bhfocal imní agus go mór mór an imní a bhí air san Afraic.

Sula ndeachaigh sé go dtí an Afraic, bhí sé ag ceapadh go mbeadh sé ag déanamh obair shuntasach shásúil, ach bhí daoine ag fáil bháis chuile lá den ocras, den tart agus de ghalair éagsúla. B'fhearr le Liam bheith ar ais in Éirinn arís lena theaghlach agus lena chairde áit nach mbeadh imní air a thuilleadh.

The Seanfhocal Composition

As stated previously (pages 00) the **seanfhocal/nath cainte** compositions have been coming up on Leaving Cert. exam papers for many years now. In fact it is nearly always the **seanfhocal scéal composition** that appears on the exam paper. I have only been able to find one **nath cainte composition** on an exam paper over the past several years. Nowadays the choice in the **two scéal compositions** always appears to be **between a seanfhocal and a single word, abstract composition**. We will, therefore, deal **only** with the **seanfhocal composition**. As you will see from the **seanfhocal composition** that follows, the **single word scéal compositon** and the **seanfhocal scéal composition** are nearly word for word the same. In addition there are **positive** and **negative seanfhocal compositions** just as there were **positive** and **negative single word scéal compositions**.

Sample Seanfhocal Composition
Worked Example – Ceapadóireacht 9

Is Glas iad na Cnoic i bhfad Uainn

Páipéar Samplach na Roinne

D'ól Liam Ó Máille cupán tae i mbialann an aerfoirt agus é ag smaoineamh ar an turas fada a bhí roimhe. Pé scéal é bhí sé díreach tar éis slán a fhágáil ag a theaghlach agus ag a chairde agus chuimhnigh sé ar an seanfhocal 'Is glas iad na cnoic i bhfad uainn'. 'Meastú an mbeidh an seanfhocal seo fíor i mo chás-sa tar éis an turais,' a dúirt sé leis féin. Ar aon nós bheadh sé saor agus neamhspleách sula i bhfad agus é ar a bhealach thar lear. Faoi dheireadh thiar thall réab an scairdeitleán síos an rúidbhealach agus toit ag teacht as na rothaí. Bhí Liam ar mhuin na muice anois, saol nua agus eachtraí nua roimhe amach. Ní raibh cíos, cás ná cathú air agus ní bréag ar bith a rá gur cheap sé go raibh sé ina laoch nó ina eachtránaí.

Shroich sé aerfort Addis Ababa go luath an mhaidin dár gcionn agus chun an fhírinne a rá bhí sceitimíní áthais air. Bhí grian gheal na hAfraice ag scoilteadh na gcloch cheana féin agus ní raibh oiread is puth gaoithe ag séideadh. Chuir Antoine Ó Laoire as Cúnamh fáilte agus fiche roimhe agus é ag fanacht lena mhálaí. Dúirt Antoine leis go mbeadh obair shuntasach shásúil le déanamh aige san Aetóipages Chodail Liam go sámh an oíche sin agus thosaigh sé ar thuras ocht gcéad míle nó mar sin go ceantar Wagila, in oirthear na tíre, an lá dar gcionn.

Bhain sé Wagila amach le breacadh an lae agus bhí sé deacair na radharcanna a bhí os a chomhair a chreidiúint; daoine gan uisce, daoine gan bia, daoine gan dóchas. Ar shos óna chuid scolaíochta a bhí Liam Ó Máille. Nuair a d'fhéach sé ar a uaireadóir, bhí sé leathuair tar éis a haon ar an Déardaoin, 8ú Meitheamh. Nach mbeadh a chomhdhaltaí ag tosú ar an Ardteist, Páipéar a hAon, sa Ghaeilge, agus eisean ag tosú ar obair dheonach san Afraic. Bhí sé ag ceapadh go raibh íoróin ag baint leis an scéal; mí na scrúduithe in Éirinn, mí an bháis san Afraic.

Bhí rudaí ag dul in olcas i Wagila. Bhí Liam ag ceapadh nach bhféadfadh cúrsaí a bheith níos measa nuair a bhris tíofóideach amach i measc na gcréatúr bocht a raibh sé ag obair leo. Tá sé deacair a rá an bhfuil galar níos measa ná an tíofóideach céanna. Pé scéal é bhí na céadta ag fáil bháis, agus go sábhála Dia muid cé a bhí i gceartlár an bháis ach Liam bocht. Dála an scéil bhí sé gar don champa lá nuair a bhuail sé le seanfhear críonna caite. Duine le Dia a bhí ann. Rinne sé iarracht cúnamh a thabhairt dó ach mo léan go deo nach bhfuair an créatúr bás faoina lámha agus ghoill sé sin go mór air.

De réir a chéile bhí míshuaimhneas agus uaigneas ag teacht air. Bhí sé ag machnamh ar ghleannta glasa na hÉireann, ar a chairde agus go mór mór ar a mhuintir sa bhaile. Bheartaigh Liam ar dhul abhaile arís, ar ais chuig An Uaimh, ar ais chuig na leabhair, ar ais chuig a theaghlach. Is ansin a smaoinigh sé arís ar fhírinne an tseanfhocail, **'Is glas iad na cnoic i bhfad uainn'**. Bhí sé ag ceapadh go raibh an seanfhocal seo fíor ina chás féin. Sula ndeachaigh sé go dtí An Afraic bhí sé ag ceapadh go mbeadh sé ag déanamh obair shuntasach, shásúil, ach bhí daoine ag fáil bháis chuile lá den ocras, den tart agus de ghalair éagsúla. B'fhearr le Liam bheith ar ais in Éirinn arís lena theaglach agus lena chairde áit nach mbeadh uaigneas air a thuilleadh. Sea, go deimhin, bhí an seanfhocal fíor i gcás Liam.

Sample Seanfhocal Composition
Worked Example — Ceapadóireacht 10

Is ina dhiaidh a thuigtear gach beart

(Iar-Ardteist)

D'ól Liam Ó Máille cupán tae i mbialann an aerfoirt agus é ag smaoineamh ar an turas fada a bhí roimhe. Pé scéal é bhí sé díreach tar éis slán a fhágáil ag a theaghlach agus ag a chairde agus chuimhnigh sé ar an seanfhocal '**Is ina dhiaidh a thuigtear gach beart**'. 'Meastú an mbeidh an seanfhocal seo fíor i mo chás-sa tar éis an turais,' a dúirt sé leis féin. Ar aon nós bheadh sé saor agus neamhspleách sula i bhfad agus é ar a bhealach thar lear. Faoi dheireadh thiar thall, réab an scairdeitleán síos an rúidbhealach agus toit ag teacht as na rothaí. Bhí Liam ar mhuin na muice anois – saol nua agus eachtraí nua roimhe amach. Ní raibh cíos, cás ná cathú air agus ní bréag ar bith a rá gur cheap sé go raibh sé ina laoch nó ina eachtránaí.

Shroich sé aerfort Addis Ababa . . .

continue . . . as in previous composition until the last paragraph

. . . De réir a chéile bhí míshuaimhneas agus uaigneas ag teacht air. Bhí sé ag machnamh ar ghleannta glasa na hÉireann, ar a chairde agus go mór mór ar a mhuintir sa bhaile. Bheartaigh Liam ar dhul abhaile arís, ar ais chuig An Uaimh, ar ais chuig na leabhair, ar ais chuig a theaghlach. Is ansin a smaoinigh sé arís ar fhírinne an tseanfhocail '**Is ina dhiaidh a thuigtear gach beart**'. Bhí sé ag ceapadh go raibh an seanfhocal seo fíor ina chás féin. Sula ndeachaigh sé go dtí an Afraic bhí sé ag ceapadh go mbeadh sé ag déanamh obair shuntasach, shásúil, ach bhí daoine ag fáil bháis chuile lá den ocras, den tart agus de ghalair éagsúla. B'fhearr le Liam bheith ar ais in Éirinn arís lena theaghlach agus lena chairde áit nach mbeadh uaigneas air a thuilleadh. Sea, go deimhin, bhí an seanfhocal fíor i gcás Liam, mar thuig sé anois go raibh sé mí-cheart dul go dtí an Afraic.

Sample Seanfhocal Composition
Worked Example — Ceapadóireacht 11

Is binn béal ina thost

(Iar-Ardteist)

D'ól Liam Ó Máille cupán tae i mbialann an aerfoirt agus é ag smaoineamh ar an turas fada a bhí roimhe. Pé scéal é bhí sé díreach tar éis slán a fhágáil ag a theaghlach agus ag a chairde agus chuimhnigh sé ar an seanfhocal '**Is binn béal ina thost**'. 'Meastú an mbeidh an seanfhocal seo fíor i mo chás-sa tar éis an turais,' a dúirt sé leis féin. Ar aon nós bheadh sé saor agus neamhspleách sula i bhfad agus é ar a bhealach thar lear. Faoi dheireadh thiar thall réab an scairdeitleán síos an rúidbhealach agus toit ag teacht as na rothaí. Bhí Liam ar mhuin na muice anois, saol nua agus eachtraí nua roimhe amach. Ní raibh cíos, cás ná cathú air agus ní bréag ar bith a rá gur cheap sé go raibh sé ina laoch nó ina eachtránaí.

Shroich sé aerfort Addis Ababa . . .

continue as in first seanfhocal composition (pages 00) until the last paragraph

. . . De réir a chéile bhí míshuaimhneas agus uaigneas ag teacht air. Bhí sé ag machnamh ar ghleannta glasa na hÉireann, ar a chairde agus go mór mór ar a mhuintir sa bhaile. Bheartaigh Liam ar dhul abhaile arís, ar ais chuig An Uaimh, ar ais chuig na leabhair, ar ais chuig a theaghlach. Is ansin a smaoinigh sé arís ar fhírinne an tseanfhocail, '**Is binn béal ina thost**'. Bhí sé ag ceapadh go raibh an seanfhocal seo fíor ina chás féin. Sula ndeachaigh sé go dtí an Afraic bhí sé ag ceapadh go mbeadh sé ag déanamh obair shuntasach, shásúil ach bhí daoine ag fáil bháis chuile lá den ocras, den tart agus de ghalair éagsúla. B'fhearr le Liam bheith ar ais in Éirinn arís lena theaghlach agus lena chairde áit nach mbeadh uaigneas air a thuilleadh. Sea, go deimhin, bhí an seanfhocal fíor i gcás Liam, mar thuig sé anois gur chóir dó a bheith ina thost in ionad a rá go raibh sé ag dul go dtí an Afraic.

Gluais

Is binn béal ina thost – a shut mouth is sweetest, best *or* Silence is golden

Roinnt Seanfhocal agus Nathanna Cainte

- **Ní bhíonn in aon rud ach seal** – life is short, nothing lasts forever
- **Bíonn blas ar an mbeagán** – a little tastes nice
- **Ar mhuin na muice** – on the pig's back
- **Is ait an mac an saol** – life is strange
- **Ní mar a shíltear bítear** – things aren't always as they seem
- **Is glas iad na cnoic i bhfad i gcéin (uainn)** – faraway hills are greener
- **Mol an óige agus tiocfaidh sí** – praise the young and they'll improve
- **Is fearr cara sa chúirt ná punt sa sparán** – friends are more useful than money
- **Briseann an dúchas trí shúile an chait** – you can't hide your true nature
- **Is í aois na hóige aois na glóire** – youth is the best time of your life
- **Aithníonn ciaróg ciaróg eile** – it takes a rogue to know a rogue
- **Níl aon tinteán mar do thinteán féin** - there's no place like home
- **Is minic ciúin ciontach** – the silent are often guilty
- **Ní bhíonn saoi gan locht** – nobody's perfect
- **Cad a dhéanfadh mac an chait ach luch a mharú** – people usually follow their true nature
- **I dtosach na haicíde is fusa í a leigheas** – it's better to act quickly and not let a problem get out of hand
- **Is fearr an tsláinte ná na táinte** – health is better than wealth.
- **Beidh lá eile ag an bPaorach** – there will always be another day
- **Filleann an feall ar an bhfeallaire** – a person's bad deeds will come back to haunt them
- **Tír gan teanga tír gan anam** – a country without its own language is like a country without a soul
- **Ar scáth a chéile a mhaireann na daoine** – people survive by helping one another
- **Ina dhiaidh a thuigtear gach beart** – everything becomes clear after the the event, hindsight is a wonderful thing
- **Is fearr fearg ná plámás** – anger (action) is better than words, it's always better to show your true feelings
- **Bíonn an fhírinne searbh** – the truth is (can be) bitter
- **Glacann fear críonna comhairle** – a wise man accepts (listens) to advice
- **An té a shantaíonn an t-iomlán, caillfidh sé an t-iomlán** – don't be greedy, a person who wants everything loses everything
- **Is binn béal ina thost** – a shut mouth is sweetest (best)

Roinnt Focal Don Scéal Ceapadóireachta

- **Sonas** – happiness
- **Suaimhneas** – peacefulness, happiness
- **Síocháin** – peace
- **Bród** – pride
- **Díomá** – disappointment
- **Dóchas** – hope
- **Misneach** – courage, hope
- **Fearg** – anger
- **Saint** – greed
- **Tuiscint** – understanding
- **Brú** – pressure
- **Aoibhneas** – joy, happiness
- **Cruálacht** – cruelty
- **Imní** – worry
- **Éad** – jealousy
- **Ocras** – hunger
- **Saibhreas** – riches, richness
- **Eagla** – fear
- **Dílseacht** – loyalty
- **Bochtaineacht** – poverty
- **Sólás** – solace, consolation
- **Buairt** – worry, anxiety
- **Cairdeas** – friendship
- **Carthanacht** – charity
- **Creideamh** – belief
- **Faoiseamh** – relief
- **Saoirse** – freedom
- **Crógacht** – bravery
- **Doilíos** – remorse
- **Ionracas** – honesty, integrity
- **Naofacht** – holiness
- **Míthuiscint** – misunderstanding

Obair Duit Féin (Iar-Ardteist)

1 **B – <u>SCÉAL</u> 100 marc**

Ceap scéal a mbeadh do rogha **CEANN AMHÁIN** díobh seo oiriúnach mar theideal air.

(a) Is fearr fearg ná plámas.

(b) Díomá.

2 **B – <u>SCÉAL</u> 100 marc**

Ceap scéal a mbeadh do rogha **CEANN AMHÁIN** díobh seo oiriúnach mar theideal air.

(a) Is binn béal ina thost.

(b) Míthuiscint.

3 **B – <u>SCÉAL</u> 100 marc**

Ceap scéal a mbeadh do rogha **CEANN AMHÁIN** díobh seo oiriúnach mar theideal air.

(a) Is ina dhiaidh a thuigtear gach beart.

(b) Bród.

4 **B – SCÉAL 100 marc**

Ceap scéal a mbeadh do rogha **CEANN AMHÁIN** díobh seo oiriúnach mar theideal air.

(a) Glacann fear críonna comhairle.

(b) Caimiléireacht.

5 **B – <u>SCÉAL</u> 100 marc**

Ceap scéal a mbeadh do rogha **CEANN AMHÁIN** díobh seo oiriúnach mar theideal air.

(a) An té a shantaíonn an t-iomlán, caillfidh sé an t-iomlán.

(b) Brú.

Ceapadóireacht C — Alt Nuachtáin/Irise a Scríobh

We made reference previously(p. 55) to 'how to write your essay from a choice of seven'. I would recommend that students regard the **alt nuachtáin/irise** as a **composition** written for a **newspaper/magazine.** This type of **composition** would also be very well served by the **formula composition type** which we developed on pages 66–73.

Guidelines

- Students are asked to write an article for a **newspaper/magazine.**
- If your school has a school magazine you should practise writing **articles** for it.
- You could submit articles for publication to papers such as *Foinse.*
- You should get experience of and develop a vocabulary for:

  – Sport

  – Current affairs

  – Music

  – The media (**TG4, Raidió na Gaeltachta**)

  – Problems experienced by young people

  – Education, educational problems, points race

  – Foreign nationals in Ireland

  – The promotion of Irish, problems of Irish, the Gaeltacht

  – Problems of drugs and drink

  – Violence, bullying, crime, vandalism

- Be able to use good simple Irish with plenty of **nathanna cainte** (pages 4–6), **scéal vocabulary** (pages 21–23) and **comhrá vocabulary** (pages 42–44).
- Very often an **alt nuachtáin/irise** will require that you write an **alt** based upon an **agallamh** (interview) that you carried out with some **person/people.**

Sample Alt Nuachtáin/Irise Composition
Worked Example — Ceapadóireacht 12

Chuir tú agallamh ar thriúr iarscoláirí de chuid do scoile féin a bhfuil (*nó a raibh*) fadhb acu (fadhb óil nó drugaí, mar shampla). Scríobh alt d'iris na scoile bunaithe ar an agallamh sin.

Method: *We referred to this type of* **composition** *in our* **guidelines** *(previous page). It's important to remember that you* **do not** *have to* **write** *an* **agallamh** *or even to* **refer directly** *to anything any of the* **iarscoláirí** *(former students) might have said (although* **you can** *if you wish). You just mention that you* **conducted the 'agallamh'** *and that your* **alt** *is based on that* **agallamh***. After doing that you write a* **composition** *about the subject. Please note the similarity between this* **sample composition** *and the* **'Slad ar na Bóithre'** *composition (pages 66–73).*

A Eagarthóir, a chara,

Chuir mé agallamh ar thriúr iarscoláirí de chuid ár scoile féin a bhfuil fadhb acu le drugaí. Seo alt a scríobh mé d'iris na scoile bunaithe ar an agallamh sin.

An tAlt

Chuir me agallamh ar thriúr iarscoláirí de chuid ár scoile féin a bhfuil fadhb acu le drugaí agus tá an t-alt seo bunaithe ar an agallamh sin.

Ar an gcéad dul síos tá sé soiléir gur ábhar fíor-dheacair, conspóideach is ea an fhadhb seo, fadhb na ndrugaí. Chun an fhírinne a rá tá sé go mór i mbéal an phobail le fada an lá. Go deimhin bíonn an scéal á phlé ar na meáin chumarsáide beagnach gach aon lá. Ach is oth liom a rá nach gcreideann na hiarscoláirí thuasluaite go bhfuil aon réiteach simplí ar an bhfadhb chasta seo. Ag an am céanna cheap siad go mba chóir an scéal go léir a chíoradh go bhfeicfimid cé chomh dona agus atá an fhadhb, cad iad na cúiseanna is mó atá leis agus an bhfuil réiteach sásúil ar bith ar an gceist.

Agus meastú cad iad na príomhchúiseanna go bhfuil cúrsaí mar atá. Cé atá freagrach as an drochscéal uafásach seo? Cé air a bhfuil an locht, in ainm Dé? I dtús báire cheap siad go bhfuil cuid mhaith den milleán ar an Rialtas. Ní féidir a shéanadh gur cuma leis an Rialtas faoin bhfadhb scannalach seo. Ar deireadh thiar thall caithfear a admháil nach bhfuil duine ar bith gan locht. Táim ag ceapadh go mbeadh sé fíor a rá go bhfuil cuid den mhilleán ar an gcóras oideachais atá againn sa tír seo, atá ró-acadúil, amach is amach. Is dóigh leis na hiarscoláirí nach bhfeileann an córas oideachais atá againn do na daltaí. Is cinnte go bhfuil baint mhór ag an easnamh seo leis an gcruachás a bhfuilimid ag caint faoi.

Mar atá ráite agam cheana ní chreideann na hiarscoláirí go bhfuil réiteach simplí ar an bhfadhb chasta seo, má tá réiteach uirthi ar chor ar bith. Ag an am céanna ní bréag ar bith a rá go gcaithfimid aghaidh a thabhairt ar an gceist agus dul i ngleic léi, más féidir sin. I dtosach báire táim ag ceapadh gur chóir don Rialtas plean a chur le chéile agus an plean a chur i bhfeidhm láithreach. Muna ndéanann siad amhlaidh leanfaidh an scannal ar aghaidh agus ní bheidh deireadh leis go deo na ndeor. Caithfear beart a dhéanamh. Ní caint atá uainn ach gníomh ón Rialtas.

Chun críoch agus deireadh a chur leis an alt seo, creidim go mba chóir go mbeadh sé soiléir ón méid atá scríofa agam gur cheist phráinneach is ea fadhb na ndrugaí. Tá na hiarscoláirí, ar chuir mé agallamh orthu, siúrálta go bhfuil géarchéim buailte linn cheana féin. Níl amhras ar bith ach go gcaithfear dul i ngleic leis an bhfadhb seo mar tá an scéal ina phraiseach cheart i ndáiríre. Cuirigí deireadh leis an seanmóireacht agus déanaigí sár-iarracht an cheist seo a réiteach. Táimse, agus na hiarscoláirí, lánchinnte gur féidir linn an lámh in uachtar a fháil ar fhadhb na ndrugaí ach cur chuige i gceart. 'Is minic ciúin ciontach' a deir an seanfhocal. Bhuel ní bheimid ciúin, a thuilleadh. Creidim go gcaithfimid go leor leor brú a chur ar an Rialtas réiteach na faidhbe a fháil, ar ais nó ar éigean.

Slán leat, a eagarthóir,

Is Mise,

Cathal Ó Catháin

Gluais

Thuasluaite – mentioned above

Cé chomh dona – how bad

Milleán – blame

Gur cuma leo – that they couldn't care less about

Táim ag ceapadh go mbeadh sé fíor a rá – I think it would be true to say

Aghaidh a thabhairt ar an gceist – to face the problem, question

Easnamh – lack

Plean a chur le chéile – to prepare a plan

A chur i bhfeidhm – to implement

Siúrálta – sure, definite

Géarchéim – crisis

Ina phraiseach cheart – in a right mess

An lámh in uachtar – the upperhand

Sár-iarracht – a great effort

Cur chuige i gceart – set about it properly

'Is minic ciúin ciontach' – the silent are often guilty

Ar ais nó ar éigean – by hook or by crook, by any means

Sample Alt Nuachtáin/Irise Composition
Worked Example — Ceapadóireacht 13

Léight tú alt i nuachtán áitiúil le déanaí ó pholaiteoir inar ionsaigh sé teifigh atá ag cur fúthu i do cheantar féin. Chuir an t-alt sin fearg ort.

Scríobh an freagra a chuirfeá chuig eagarthóir an nuachtáin ar an ábhar sin.

A Eagarthóir, a chara,

Táim díreach tar éis alt a léamh i do nuachtán ó pholaiteoir inar ionsaigh sé teifigh atá ag cur fúthu i mo cheantar féin. Chuir an t-alt sin fearg orm. Chun an fhírinne a insint táim ar mire le fearg faoin alt céanna. Bhí sé ar intinn agam alt a chur chugat níos luaithe ach tá an gnó déanta agam anois ar aon nós.

Ar an gcéad dul síos is dóigh liom gur mór an scannal é gur ionsaigh an polaiteoir seo na teifigh atá ina gcónaí in aice liomsa. Táim siúrálta nach bhfuil an ceart aige agus creidim nach fiú faic na tuairimí atá aige. Chomh maith leis sin táim ag ceapadh nach dtuigeann sé na teifigh agus na fadhbanna a bhíonn acu. Níl sé ceart, cóir ná cothrom a bheith ag gearán fúthu agus déarfainn gur duine aineolach é.

Tá a fhios ag an saol gur chuir tíortha eile fáilte agus fiche roimh Éireannaigh a chuaigh thar sáile, ar imirce, na blianta fad ó shin, gan leath-phingin rua ina bpócaí acu. Rinne na daoine sin sár-obair sna tíortha sin agus is dóigh liom gur chóir dúinne an seans céanna a thabhairt do na teifigh sa tír seo. Chun an fhírinne a insint táim bréan de bheith ag éisteacht leis an bpolaiteoir seo agus an ráiméis a bhíonn á labhairt aige. In ainm Dé cad atá i gceist aige, ar chor ar bith? Níl tuairim dá laghad agam cén fáth a mbíonn sé ag cur as agus ag ligint air gur saineolaí de shaghas éigin é. Ní saineolaí é ach is amadán é agus ní aontaím leis in aon chor. Tá sé dochreidte, a eagarthóir, gur fhoilsigh tú an t-alt amaideach a scríobh sé gan seans a thabhairt do na teifigh iad féin a chosaint. Níl sé féaráilte agus níl muintir na háite seo chun cur suas leis a thuilleadh.

Bhí mé ar ballchrith le fearg nuair a léigh mé alt an pholaiteora ach ní fhéadfainn a rá nach raibh aon choinne agam lena leithéid ach mar a dúirt mé cheana sílim go raibh sé ag seafóid. Ag an am céanna táim ag ceapadh go bhfuil i bhfad níos mó tuiscint ag muintir na hÉireann ar an mbochtaineacht, ar charthanacht agus ar dhaoine bochta sa lá atá inniu ann ná mar a bhíodh fadó. Tuigeann na heagraíochtaí deonacha cearta na ndaoine agus go mór mór cearta na dteifeach. Is oth liom a rá nach dtuigeann an polaiteoir a scríobh an t-alt scannalach úd tada. Tá dul amú mór air mar tá formhór na dteifeach saothraíoch, dícheallach.

Níl amhras ar bith ach go mbíonn polaiteoirí i gcónaí glórach ach goilleann sé go mór ormsa a bheith ag léamh an ráiméis leataobhach a scríobh an duine seo. Is é seo ré na dteifeach in Éirinn, agus caithfimid glacadh leis an fhírinne seo. Chomh maith leis sin caithfimid a admháil gur chabhraigh siad go mór leis an Tíogar Ceilteach a thosú agus a chothú. 'Briseann an dúchas trí shúile an chait' a deir an seanfhocal. Creidim gur fíor seo i gcás an pholaiteora a scríobh an t-alt. Ba chóir don duine sin machnamh a dhéanamh ar sheanfhocal eile, 'Is binn béal ina thost'.

Slán,

Feardorcha Ó Murchú

Gluais

Ionsaigh – attack

Nach fiú faic – not worth anything

Níl sé ceart, cóir ná cothrom – it's not right or fair

Duine aineolach – an ignorant person

Tá a fhios ag an saol – everybody knows

Thar sáile – across the sea, abroad

Leath-phingin rua – with hardly a halfpenny

Táim bréan – I'm fed-up

Ráiméis – rubbish (talk)

Saineolaí – expert

Tá sé dochreidte – it's unbelievable

Gur fhoilsigh tú – that you published

Iad féin a chosaint – to protect themselves

Féaráilte – fair

Ar ballchrith le fearg – shaking with anger

Ní fhéadfainn a rá – I couldn't say

Ag seafóid – talking nonsense

Bochtaineacht – poverty

Carthanacht – charity

Na heagraíochta deonacha – the voluntary organisations

Cearta na dteifeach – the rights of refugees

Formhór – the most of

Saothraíoch dícheallach – hardworking

Glórach – noisy

Goilleann sé go mór ormsa – it bothers me a lot

Eáiméis leataobhach – one-sided rubbish

Tíogar Ceiltic – the Celtic Tiger

Briseann an dúchas trí shúile an chait – A cat (you) can't hide its (your) true nature

Is binn béal ina thost – a shut mouth is best, silence is golden

Obair Duit Féin (Iar-Ardteist)

1   C – <u>ALT NUACHTÁIN/IRISE</u> 100 marc

Freagair do rogha **CEANN AMHÁIN** díobh seo.

(a) Tá beirt daltaí ó thíortha iasachta ag freastal ar do scoil. Iarradh ortsa agallamh a chur orthu faoina dtuairimí den scoil agus den saol in Éirinn.

Scríobh alt bunaithe ar an agallamh sin d'iris na scoile.

(b) Le linn 'Seachtain na Gaeilge' i do scoil i mbliana, chuir tú agallamh ar phearsa mhór teilifíse. Phléigh sibh a d(h)earcadh ar an nGaeilge agus an todhchaí a fheiceann sé/sí atá i ndán dár dteanga agus dár gcultúr náisiúnta.

Scríobh alt, bunaithe ar an agallamh sin, d'iris na scoile.

2   C – <u>ALT NUACHTÁIN/IRISE</u> 100 marc

Freagair do rogha **CEANN AMHÁIN** díobh seo.

(a) Léigh tú alt i gceann de nuachtáin an Domhnaigh faoi thábhacht agus faoi thairbhe na gCluichí Oilimpeacha Speisialta a bhí ar siúl in Éirinn anuraidh. Chuir an t-alt sin fearg ort.

Scríobh an tAlt a chuirfeá chuig eagarthóir an nuachtáin ar an ábhar sin.

(b) Mar chuid de 'Sheachtain na Sláinte' a bhí ar siúl sa scoil agatsa i mbliana bhí ort agallamh a chur ar dhochtúir *nó* ar bhia-eolaí faoin ábhar 'An bia inár saol'.

Scríobh ALT d'iris na scoile a bheadh bunaithe ar an agallamh sin.

3   C – <u>ALT NUACHTÁIN/IRISE</u> 100 marc

Freagair do rogha **CEANN AMHÁIN** díobh seo.

(a) Rinne tú suirbhé i measc do chomhscoláirí ar chaighdeán, ar éifeacht (tionchar) agus ar chineál na gclár teilifíse a bhféachann daoine óga orthu.

Scríobh an tALT a chuirfeá chuig nuachtán Gaeilge faoinar léiríodh sa suirbhé.

(b) Bhí comórtas i nuachtán Gaeilge ag lorg alt ar an ábhar seo a leanas:

'Bíonn cúrsaí na Gaeilge agus na Gaeltachta rómhinic mar ábhar i bhfoilseacháin áirithe Gaeilge'.

Scríobh an tALT a chuirfeá isteach ar an gcomórtas.

4 C – <u>ALT NUACHTÁIN/IRISE</u> 100 marc

Freagair do rogha **CEANN AMHÁIN** díobh seo.

(a) Léigh tú alt i nuachtán áitiúil le déanaí ó pholaiteoir inár ionsaigh sé teifigh atá ag cur fúthu i do cheantar féin. Chuir an t-alt fearg ort.

Scríobh an freagra a chuirfeá chuig eagarthóir an nuachtáin ar an ábhar sin.

(b) Tháinig an príomhoifigeach ar eagraíocht idirnáisiúnta carthanachta ar cuairt chuig ag an scoil agatsa le déanaí. Iarradh ortsa agallamh a chur air.

Scríobh alt, bunaithe ar an agallamh sin, d'iris na scoile.

Ceapadóireacht D – Díospóireacht/Óráid a Scríobh

We made reference previously **(p. 55)** to '**how to make your essay a choice of one out of seven**'. I would also recommend that students treat the **díospóireacht/óráid** as a **composition**. The **díospóireacht/óráid composition** would also be very much suited to the **formula composition type** which we developed on pages 66-73.

Guidelines

- Students are given a **rún** (motion/subject) to speak about and are required to write out the speech they would make in support of that motion/subject.
- The **díospóireacht** and **óráid** are simliar except that the **díospóireacht** usually involves conflict and argument and also being part of a team. The **óráid** involves making a speech, as an individual, about a given subject. Both the **díospóireacht** and **óráid** can be written in nearly exactly the same way.
- This **composition** is very suited to those who are good at debating and at public speaking.
- Remember the bottom line in all **compositions** is your **cumas** (capability),

saibhreas (richness) which account for 80% of the marks. So make full use of the various **nathanna úsáideacha** that have been provided at different stages earlier in this book.

Conas Díospóireacht a Scríobh

An Tús

A chathaoirligh, a mholtóirí, a chomhdhaltaí, agus a lucht an fhreasúra (the opposition):

Is mise . . . agus tá áthas orm a rá libh go bhfuilim chun labhairt ar son/i gcoinne an rúin seo. Beidh an fhoireann thall ag iarraidh a gcuid tuairímí a chur ina luí oraibh, ach molaim daoibh gan cluas a thabhairt dóibh.

Pé scéal é táim ar son/i gcoinne an rúin seo ar chúiseanna suntasacha, agus cuirfidh mé roinnt de na cúiseanna sin os bhur gcomhair láithreach.

Ar an gcéad dul síos . . .

An Deireadh

Táim beagnach tagtha go deireadh mo chuid cainte ar an rún seo. Tá súil agam go n-aontaíonn sibh leis an gcuid is mó de mo thuairímí. Ní hionann ceart agus neart, ach táim ag ceapadh go bhfuil ceart ar mo thaobhsa nuair a deirim . . .

and you restate what you have been supporting

Chun críoch a chur le mo chuid cainte is mian liom mo bhuíochas a ghabháil libh as an éisteacht chineálta a thug sibh dom. Go gcúití Dia libh é, agus go raibh míle maith agaibh.

Conas Óráid a Scríobh

The **óráid** and **díospóireacht** follow the same layout. Students are very often asked to write about an **óráid** they made at school. The following would be a typical **tús agus deireadh**.

An Tús

A phríomhoide, a mhúinteoirí, agus a chomhdhaltaí go leir, is mise .. . . agus tá áthas orm deis a fháil labhairt libh inniu/anocht ar feadh scaithimh. Ar an gcéad dul síos caithfidh mé a rá go bhfuilim neirbhíseach agus beagán trína chéile, agus dá bhrí sin táim ag impí oraibh a bheith foighneach liom.

An Deireadh

Bhuel, a phríomhoide, a mhúinteoirí agus a chomhdhaltaí, tá ceann scríbe (end of the journey) bainte amach agam, agus tá súil agam gur bhain sibh taitneamh agus tairbhe de shaghas éigin as a raibh le rá agam. Go gcúití Dia libh é agus go raibh míle maith agaibh as a bheith lách cineálta liom. Guím rath Dé oraibh go léir, agus tá súil agam go n-éireoidh go geal libh amach anseo.

Sample Díospóireacht Composition
Worked Example – Ceapadóireacht 14

Scríobh an chaint a dhéanfá i ndíospóireacht scoile ar son nó in aghaidh an rúin seo a leanas:

'Tá an tír seo ag titim as a chéile agus níl faic na fríde á dhéanamh ag ár bpolaiteoirí faoi.'

(Iar-Ardteist)

<u>Method:</u> We referred to the **díospóireacht composition** in our **guidelines** and **'conas díospóireacht a scríobh'** on the previous page. It's important to note that you can treat your **díospóireacht composition** as an **aiste composition** after introducing the **motion** and **stating** whether you ar **ar son nó in aghaidh an rúin**. Please note also the similarity between this sample and the **'Slad ar na Bóithre'** composition (pages 71-72). The **díospóireacht/óráid compositions** are particularly suited to the **formula composition type** which we developed earlier (pages 66-73).

A chathaoirligh, a mholtóirí, a chomhdhaltaí agus lucht an fhreasúra, is mise Micheál Céitinn agus tá áthas orm a rá libh go bhfuilim chun labhairt ar son an rúin seo. Beidh an fhoireann thall ag iarraidh a gcuid tuairimí a chur ina luí oraibh, ach molaim daoibh gan cluas a thabhairt dóibh. Pé scéal é, táim ar son an rúin seo ar chúiseanna suntasacha, agus cuirfidh mé roinnt de na cúiseanna sin os bhur gcomhair láithreach.

Ar an gcéad dul síos tá sé soiléir gur ábhar fíor-dheacair, conspóideach is ea an fhadhb seo. Chun an fhírinne a rá tá sé go mór i mbéal an phobail le fada an lá. Go deimhin bíonn an scéal a phlé ar na meáin chumarsáide beagnach gach aon lá. Tá an t-uafás fadhbanna sa tír seo idir drugaí, foréigean, alcól, truailliú na timpeallachta agus go leor leor eile. Is oth liom a rá nach gcreidim go bhfuil aon réiteach simplí ar na fadhbanna casta seo. Ag an am céanna creidim go mba chóir an scéal go léir a chíoradh go bhfeicimid cé chomh dona is atá na fadhbanna, cad iad na cúiseanna is mó atá leo agus an bhfuil réiteach sásúil ar bith ar an gceist.

Agus meastú cad iad na príomhchúiseanna go bhfuil cúrsaí mar atá. Cé atá freagrach as an drochscéal uafásach seo? Cé air a bhfuil an locht, in ainm Dé? I dtús báire táim ag ceapadh go bhfuil cuid mhaith den milleán ar na polaiteoirí atá sa Rialtas. Ní féidir a shéanadh ach gur cuma leis an Rialtas faoi na fadhbanna scannalacha atá sa tír. Ar deireadh thiar thall caithfidh na polaiteoirí a admháil nach bhfuil duine ar bith acu gan locht. Táim ag ceapadh go mbeadh sé fíor a rá go bhfuil cuid den mhilleán ar an gcóras oideachais atá sa tír seo, córas atá ró-acadúil amach is amach. Is dóigh liomsa nach bhfeileann an córas oideachais atá againn do na daltaí. Is cinnte go bhfuil baint mhór aige seo leis an tír a bheith 'ag titim as a chéile'.

Mar atá ráite agam cheana ní chreidim go bhfuil réiteach simplí ar na fadhbanna casta atá againn sa tír seo, má tá réiteach ar bith orthu. Ag an am céanna ní bréag ar bith a rá go gcaithfidh na polaiteoirí aghaidh a thabhairt ar an gceist agus dul i ngleic léi. Measaim gur chóir dóibh plean a chur le chéile agus é a chur i bhfeidhm láithreach. Muna ndéanann siad amhlaidh leanfaidh an scannal ar aghaidh agus ní bheidh deireadh leis go deo na ndeor. Ní caint atá uainn ach gníomh – gníomh ó na polaiteoirí.

Chun críoch agus deireadh a chur le mo chuid cainte inniu, creidim go mba chóir go mbéadh sé soiléir ón méid atá ráite agam gur cheist phráinneach iad na fadhbanna atá againn in Éirinn. Táim siúrálta go bhfuil géarchéim buailte linn cheana féin. Níl amhras ar bith ach go gcaithfidh na polaiteoirí dul i ngleic leis na fadhbanna uafásacha atá againn mar tá an scéal ina phraiseach cheart i ndáiríre. Cuirigí críoch leis an seanmóireacht agus déanaigí sár-iarracht na fadhbanna a réiteach. Níl amhras ar bith ach go bhfuil an tír seo ag titim as a chéile, ach táim lánchinnte gur féidir an lámh in uachtar a fháil ar an gceist phráinneach seo ach cur chuige i gceart. 'Is minic ciúin ciontach' a deir an seanfhocal. Bhuel, níl mise chun bheith ciúin a thuilleadh. Táim lánchinnte go gcaithfimid go leor leor brú a chur ar na polaiteoirí réiteach a fháil ar na fadhbanna atá againn in Éirinn mar is fíor go bhfuil an tír seo ag titim as a chéile amach is amach.

Bhuel, a phríomhoide, a mhúinteoirí agus a chomhdhaltaí, tá ceann scríbe bainte amach agam, agus tá súil agam go n-aontaíonn sibh leis an gcuid is mó de mo thuairimí. Ní hionann ceart agus neart ach sílim go bhfuil ceart ar mo thaobhsa nuair a deirim go bhfuil an tír seo ag titim as a chéile. Chun críoch a chur le mo chuid cainte is mian liom mo bhuíochas a ghabháil libh as an éisteacht chineálta a thug sibh dom. Go gcúití Dia libh é, agus go raibh míle maith agaibh.

Gluais

Lucht an fhreasúra – the opposition

A chur ina luí oraibh – trying to convince you

Conspóideach – contraversial

I mbéal an phobail – in the public eye

Nach bhfeileann – doesn't suit

Ina phraiseach cheart – in a right mess

Seanmóireacht – preaching, sermonising

Lánchinnte – dead certain

Ceann scríbe – the end of the line

Ní hionann neart agus ceart – might isn't right

Sample Díospóireacht Composition
Worked Example — Ceapadóireacht 15

Scríobh an chaint a dhéanfá, i ndíospóireacht scoile, ar son nó in aghaidh an rúin seo a leanas:

'Ní fhaigheann daoine óga éisteacht ar bith sa tír seo.'

A chathaoirligh, a mholtóirí, a chomhdhaltaí agus lucht an fhreasúra, Is mise Áine Ní Neachtain agus táim chun labhairt ar son an rúin seo. Beidh an fhoireann thall ag iarraidh a gcuid tuairimí a chur ina luí oraibh, ach molaim daoibh gan cluas a thabhairt dóibh. Pé scéal é táim ar son an rúin seo ar chúiseanna suntasacha, agus cuirfidh mé roinnt de na cúiseanna sin os bhur gcomhair láithreach.

Ar an gcéad dul síos ní bréag ar bith a rá nach bhfaigheann daoine óga éisteacht ar bith sa tír seo ar chor ar bith. Goilleann sé go mór orm nach dtugtar seans dúinn ár dtuairimí a nochtadh ar rud ar bith atá tábhachtach, cuirim i gcás oideachas agus cúrsaí polaitíochta. Níl sé ceart, cóir ná cothrom go bhfuil an rialtas ag caint faoi thorthaí scrúdaithe na n-iarbhunscoileanna a eisiúint go poiblí, gan deis a thabhairt dúinn rud éigin a rá faoi. Tá sé scannalach, i ndáiríre, agus níl sé féaráilte in aon chor. In ainm Dé cad atá i gceist acu? Creid é nó ná creid níl meas madra agam ar an dream céanna. Tá siad seafóideach agus amaideach agus nílimid chun cur suas leo a thuilleadh.

Chomh maith leis sin is beag é mo mheas ar an Roinn Oideachais, nach n-éisteann ach oiread. Bíonn siad ag iarraidh an dallamullóg a chur orainne agus ag seanmóireacht linn i gcónaí faoi chuile rud. Ní thugann siad seans dúinn tada a rá agus táim ag ceapadh nach bhfuil siad ag tabhairt cothrom na féinne dúinn. Nuair a bhíonn siad ag déanamh athruithe sa chúrsa léinn, labhraíonn siad leis an rialtas, na múinteoirí, na tuismitheoirí agus na ceardchumainn. Ach ní labhraíonn siad linne ar chor ar bith agus ní éisteann siad linn ach oiread. Is dóigh liomsa gur mór an scannal é agus táim siúrálta nach bhfuil an ceart acu.

Agus cad mar gheall ar ár dtuismitheoirí? An éisteann siad linn? Ná bí ag magadh fúm. Tá fuinneamh agus beocht na hóige ionainn a deir siad agus ní hionann sin is a rá go bhfuil siad sásta éisteacht linn agus ár dtuairimí a chur san áireamh. Ba bheag nar thit mé i mo sheasamh nuair a chuala mé ceannaire Fhine Gael, Enda Kenny, ag cur as faoi Ghaeilge éigeantach tamall ó shin. Ar chuir sé aon cheist orainne? Go deimhin níor chuir. Cén fáth a gcuirfeadh? Bhí mé ar ballchrith le fearg nuair a chuala mé an méid a bhí le rá aige. Bhí sé dochreidte nár éist sé linne. Bhuel, a Enda, is maith an scéalaí an aimsir. Beidh vótaí againne sula i bhfad.

Mar atá ráite agam cheana is dóigh liom nach bhfaigheann daoine óga éisteacht ar bith sa tír seo agus measaim go bhfuil an Eaglais níos measa ná dream ar bith eile. Táim bréan den Eaglais agus den ráiméis a bhíonn ar siúl acu. Chun an fhírinne a rá tá siad níos measa ná dream ar bith eile, mar ní éisteann siad linn ar chor ar bith. Is cuma sa diabhal liom fúthu, agus chomh maith leis sin is fuath liom ár dtuismitheorí, ár múinteoirí, na Gardaí, an Roinn Oideachais agus an Rialtas, nach n-éisteann le daoine óga na tíre seo.

Bhuel, a phríomhoide, a mhúinteoirí, agus a chomhdhaltaí, tá ceann scríbe bainte amach agam, agus tá súil agam go n-aontaíonn sibh leis an gcuid is mó de mo thuairimí. Ní hionann neart agus ceart ach creidim go bhfuil ceart ar mo thaobhsa nuair a deirim nach bhfaigheann daoine óga éisteacht ar bith sa tír seo. Chun críoch a chur le mo chuid cainte is mian liom mo bhuíochas a ghabháil libh as an éisteacht chineálta a thug sibh dom. Ach ná déanaigí dearmad nach raibh i gceist ach díospóireacht. Go gcuití Dia libh é, agus go raibh míle maith agaibh.

Gluais

Ár dtuairimí – our opinions

A eisiúint – to release, publish

Scannalach – scandalous

Níl meas madra agam – I have no respect for

An dallamullóg – to fool, pull the wool over our eyes

Cothrom na féinne – fair play

Athruithe sa chúrsa léinn – changes in the curriculum

Fuinneamh agus beocht – energy and life

A chur san áireamh – to take into consideration

Gaeilge éigeantach – compulsory Irish

Is maith an scéalaí an aimsir – time will tell

An Eaglais – the church

Sample Óráid Composition
Worked Example Ceapadóireacht 16

Iarradh ort CAINT a thabhairt sa rang Gaeilge ar an téama seo:

'Na fadhbanna a bhíonn ag seandaoine i láthair na huaire'.

<u>Method:</u> We referred to the **óráid composition** in our **guidelines** and in '**conas óráid a scríobh**' section (pages 94-95). It is worth noting that you will be able to treat your **óráid composition** as an **aiste composition** after introducing the topic that you are asked to write about. Please note also the similarity between this **sample óráid** and the '**Slad ar na Bóithre**' composition (pages 66-73). The **óráid composition** may well be adapted to suit the **formula composition type** which we developed earlier (pages 66-73).

A mhúinteoir agus a chomhdhaltaí go léir, tá áthas orm deis a fháil labhairt libh sa rang seo inniu, ar feadh scaithimh, faoi na fadhbanna a bhíonn ag seandaoine i láthair na huaire. Ar an gcéad dul síos táim ag ceapadh go mbeadh sé fíor a rá go bhfuil go leor leor fadhbanna ag seandaoine sa tír seo. Tá sé soiléir gur ábhar fíor-dheacair, conspóideach is ea na fadhbanna atá acu. Chun an fhírinne a rá tá sé go mór i mbéal an phobail le fada an lá. Go deimhin bíonn sé á phlé ar na meáin chumarsáide go minic. Is oth liom a rá nach gcreidim go bhfuil aon réiteach simplí ar na fadhbanna atá acu. Ag an am céanna is dóigh liom go mba chóir an scéal a chíoradh go bhfeicimid cé chomh dona is atá na fadhbanna, cad iad na cúiseanna is mó atá leo, agus an bhfuil aon réiteach sásúil ar bith ar an gceist.

Agus meastú cad iad na príomhchúiseanna go bhfuil cúrsaí mar atá? Cé atá freagrach as an drochchaoi uafásach ina bhfuil cuid de sheandaoine na tíre seo? Cé air a bhfuil an locht, in ainm Dé? I dtús báire táim ag ceapadh go bhfuil cuid den locht ar fheidhmeannacht na seirbhísí sláinte agus ar an Rialtas. Ní féidir a shéanadh gur cuma leo faoi na fadhbanna scannalacha atá ag seandaoine. I dtosach báire tá sé fíor a rá go bhfuil go leor seandaoine ar an ngannchuid na laethanta seo. Cé go bhfuil stát leasa shóisialaigh againn sa tír seo tá an t-uafás seandaoine bochta inár measc. Níl sé ceart, cóir ná cothrom go bhfuil cúrsaí amhlaidh agus goilleann sé go mór orm nach bhfuil an Rialtas ag déanamh a sheacht ndícheall an fhadhb seo a réiteach.

Chomh maith leis sin is dóigh liom gur mór an scannal é go mbíonn seandaoine i mbaol sna bailte agus faoin tuath. Bíonn eagla an domhain orthu dul amach go dtí na siopaí chun rudaí a cheannach. Níl amhras ar bith ach go bhfuil fadhb na coiriúlachta imithe ó smacht le tamall anuas agus táim lánchinnte go gcuireann sé seo isteach go mór ar sheandaoine na tíre seo. Sa saol atá ann anois bíonn seandaoine uaigneach agus mar phríosúnaigh ina dtíthe féin. Táim ag ceapadh nach dtuigeann an Rialtas cé chomh dona is atá an scéal in aon chor.

Mar atá ráite agam cheana ní chreidim go bhfuil aon réiteach simplí ar na fadhbanna atá ag seandaoine sa tír seo, má tá réiteach ar bith orthu. Táim siúrálta nach fiú faic é an Tiogar Ceilteach do na seandaoine bochta. Ag an am céanna ní bréag ar bith a rá go gcaithfidh na polaiteoirí aghaidh a thabhairt ar an gceist phráinneach seo agus dul i ngleic léi. Measaim gur chóir dóibh plean a chur le chéile agus é a chur i bhfeidhm láithreach. Muna ndéanann siad amhlaidh leanfaidh an scannal agus ní bheidh deireadh le fadhbanna na seandaoine go deo na ndeor.

Creidim go mba chóir go mbeadh sé soiléir ón méid atá ráite agam gur ceist phráinneach é na fadhbanna atá ag seandaoine. Táim siúrálta go bhfuil géarchéim buailte linn cheana féin. Níl amhras ar bith ach go gcaithfidh feidhmeannacht na seirbhíse sláinte agus an Rialtas dul i ngleic leis na fadhbanna atá ag seandaoine mar tá an scéal ina phraiseach cheart i ndáiríre. Bíodh deireadh leis an seanmóireacht agus déanaigí sár-iarracht na fadhbanna atá acu a réiteach. Táim lánchinnte gur féidir an lámh in uachtar a fháil ar an gceist phráinneach seo ach cur chuige i gceart. 'Is minic ciúin ciontach' a deir an seanfhocal. Bhuel, níl mise chun bheith ciúin a thuilleadh. Táim lánchinnte go gcaithfimid brú a chur ar na polaiteoirí réiteach a fháil ar na fadhbanna a bhíonn ag seandaoine, sa tír seo, i láthair na huaire.

Bhuel, a mhúinteoir agus a chomhdhaltaí, tá ceann scríbe bainte amach agam, agus tá súil agam go n-aontaíonn sibh le mo chuid tuairimí. Ní hionann neart agus ceart ach táim lánchinnte go bhfuil ceart ar mo thaobhsa nuair a deirim go gcaithfimid aire a thabhairt do sheandaoine na tíre seo. Chun críoch a chur le mo chuid cainte is mian liom mo bhuíochas a ghabháil libh as an éisteacht chineálta a thug sibh dom. Go gcúití Dia libh é, agus go raibh míle maith agaibh.

Gluais

Feidhmeannacht na seirbhíse sláinte – the Health Service Executive

Ar an ngannchuid – hard up, in a bad way

Stát leasa shóisialaigh – welfare state

A sheacht ndícheall – their level best

Sa saol atá ann anois – in today's world

Obair Duit Féin

1 D – <u>DÍOSPÓIREACHT/ÓRÁID</u> 100 marc

Freagair do rogha **CEANN AMHÁIN** díobh seo.

(a) Scríobh an chaint a dhéanfá i ndíospóireacht scoile ar son an rúin seo *nó* ina aghaidh:

'Níl muinín ag an bpobal as na Gardaí inniu'.

(b) Is ball tú den ghluaiseacht idirnáisiúnta timpeallachta *Greenpeace*.

Iarradh ort píosa cainte a dhéanamh le Comhairle na Mac Léinn sa scoil seo agatsa ar an ábhar seo a leanas:

'Tá sé de dhualgas ar aos óg na linne seo a ndícheall a dhéanamh chun timpeallacht álainn na tíre seo a chaomhnú.'

Scríobh an píosa cainte a dhéanfá le Comhairle na Mac Léinn.

2 D – <u>DÍOSPÓIREACHT/ÓRÁID</u> 100 marc

Freagair do rogha **CEANN AMHÁIN** díobh seo.

(a) Scríobh an chaint a dhéanfá i ndíospóireacht scoile ar son *nó* in aghaidh an rúin seo a leanas:

Tá an tír seo ag titim as a chéile agus níl faic na fríde á dhéanamh ag ár bpolaiteoirí faoi.'

(b) Is Cathaoirleach tú ar Raidió Áitiúil in Éirinn. Iarradh ort labhairt mar aoi-chainteoir ag Craobhchomórtas Náisiúnta Díospóireachta faoi ról an raidió áitiúil i saol an phobail. Scríobh an óráid a thabharfá ann.

3 D – <u>DÍOSPÓIREACHT/ÓRÁID</u> 100 marc

Freagair do rogha **CEANN AMHÁIN** díobh seo.

(a) Scríobh an **CHAINT** a dhéanfá i ndíospóireacht scoile ar son *nó* in aghaidh an rúin seo a leanas:

'Níl ról ar bith ag Arm na hÉireann i saol an lae inniu'.

(b) Iarradh ort píosa a thabhairt ag cruinniú tuismitheoirí sa scoil ar an téama:

'Is cúis imní an tionchar atá ag an ábhar léitheoireachta do dhéagóirí (irisí, etc.), agus atá le fáil ar an margadh faoi láthair, ar dhéagóirí na hÉireann.'

Scríobh an **PÍOSA CAINTE** a dhéanfá ag an gcruinniú sin.

4 D – <u>DÍOSPÓIREACHT</u> 100 marc

Freagair do rogha **CEANN AMHÁIN** díobh seo.

(a) Scríobh an **CHAINT** a dhéanfá – i ndíospóireacht scoile – ar son *nó* in aghaidh an rúin seo a leanas:

'Is mó go mór a bhfuil de bhuntáistí ná de mhíbhuntáistí ag baint leis an idirlíon.'

(b) Iarradh ort **CAINT** a thabhairt sa rang Gaeilge ar an téama seo:

'Na fadhbanna a bhíonn ag seandaoine i láthair na huaire.'

Scríobh an chaint a thabharfá ar an téama sin.